U0674576

C湛庐文化
CheersPublishing

～/⋏／～ a mindstyle business
与 思 想 有 关

ORBITING THE GIANT HAIRBALL

经典版

绕着
大毛球飞行

寻找工作的从容轨道

Gordon MacKenzie
[美]戈登·麦肯齐 ◎著

阎佳 ◎译

北京联合出版公司
Beijing United Publishing Co.,Ltd.

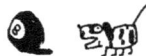

第 1 章　天才都到哪儿去了

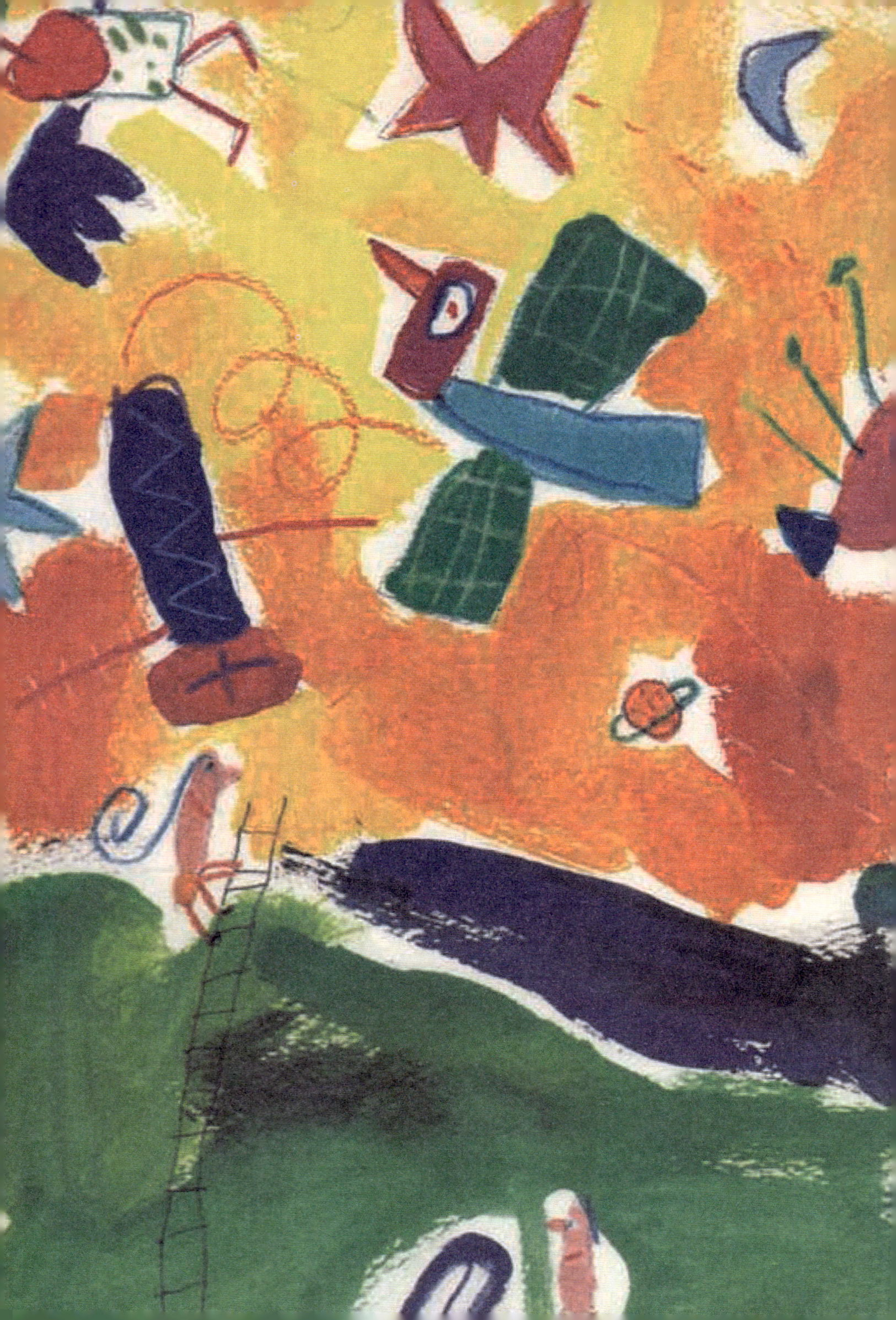

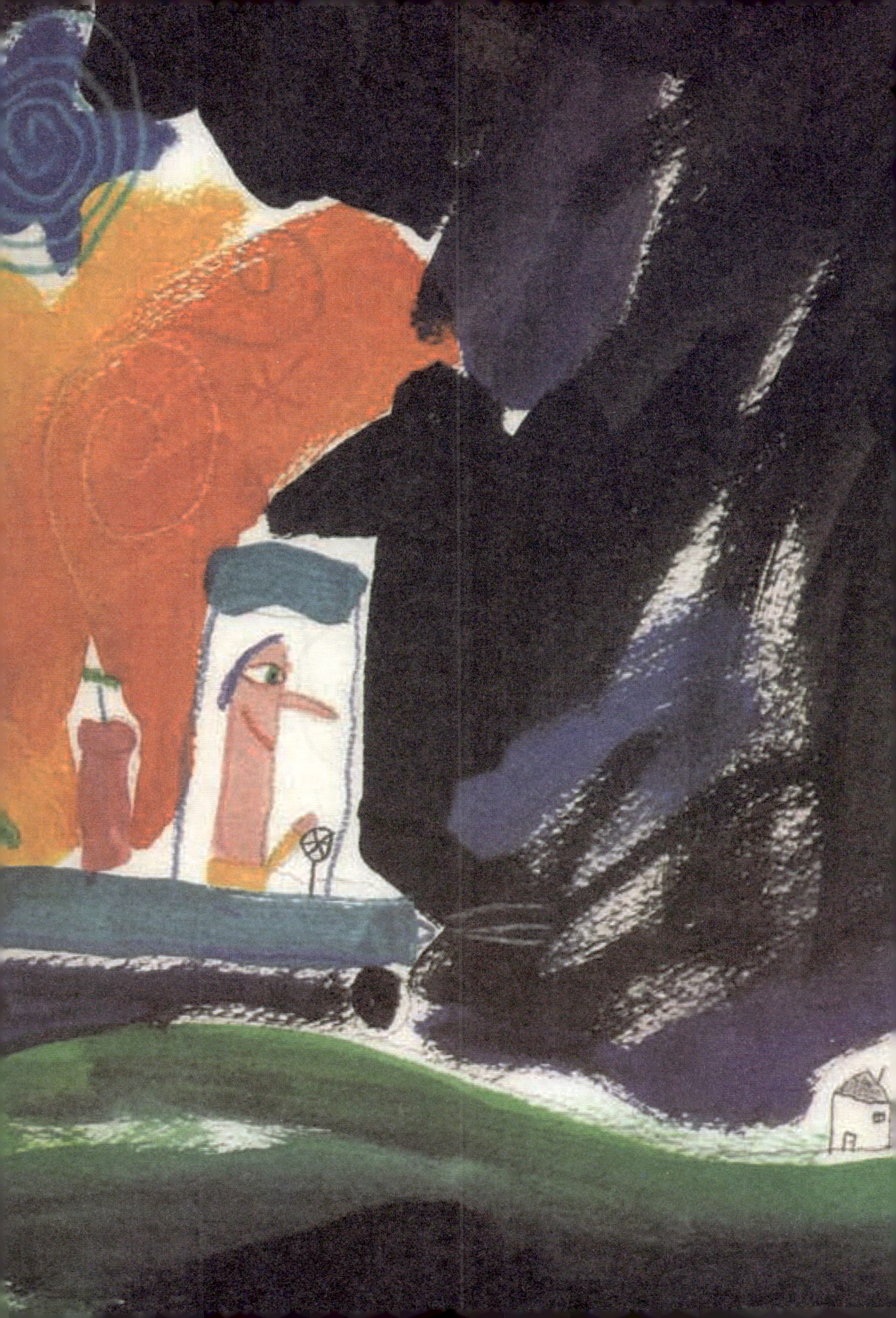

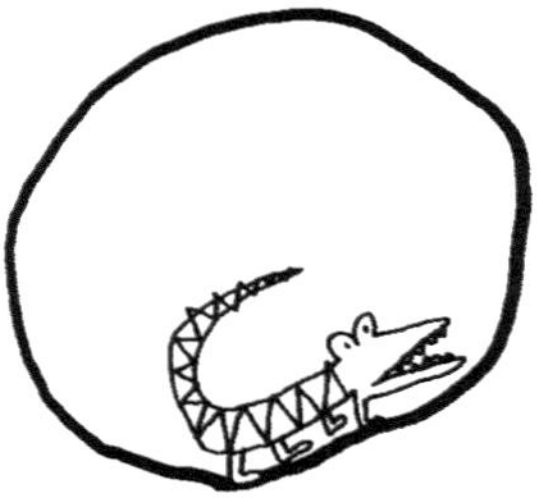

我动作轻柔地开着自己锈迹斑斑的老皮卡，满载着一大车钢铁设备和金属乘客，有大象、鳄鱼、海龟、剑龙，还有其他各种幻想生物，朝学校驶去。一路上，车子发出吱吱呀呀不堪重负的声音，令人不安地摇晃起来。但我总算平平安安地把它停在了学校的停车场。

我拔掉了车钥匙。发动机顺从地安静下来，皮卡不再动弹了。

"呼，好险。终于到了。鹰、猫头鹰、乌鸦都安全着陆了。我们又一次平平安安地挺过来了。"

好奇的孩子们开始围着卡车转悠。一些孩子吵吵闹闹地伸手触摸着那些粗糙的金属动物，其他孩子则往后退开，无声地看着。兴许，有几个孩子意识到，这一天最精彩的高潮即将展开：致命诱惑，破坏时分，逃离惯常的上学日子，不管多么短暂。

我喜欢这样！打破惯例就是我来此的目的。不是毫无意义地破坏，是怀着目的破坏。这一回，我的目的是跟小学生们分享经验：把冰冷的薄铁皮变成栩栩如生的动物。你觉得这有点像魔法？

你说对了！

魔法！

我要向孩子们说明，哪怕是在正规学习的体制环境下，也能出现创新的魔法。

这也是我在贺曼贺卡公司的体制环境下实践的破坏活动。起初，人们聘请我去那儿只是让我画插图的。可随着时间的流逝，我逐渐演变成了一个自封的企业传道者，这一点以后再说。

我喜欢用钢铁塑像有四五年了，正好碰上贺曼贺卡的一位同事的妻子在小学当文化艺术协调员，又名"图片夫人"，她问我是否乐意去给学生们做个展示会。我接受了邀请，并觉得那次经历很愉快。在那之后的几年，去学校就成了我塑像冒险的一部分。每年总有十几次，我会放上一天假，去学校和孩子们玩魔法。

我会在上午早早来到学校，在美术室或运动馆里架好我的铁匠铺。大多数时候，我每次会跟同一个年级的孩子们玩上大约50分钟。

等我戴好焊工护目镜，穿上伤痕累累的皮围裙，老师会领着一群孩子走进来，让他们蜷腿围坐在地板上，正面对着我在房间另一头摆好的半圆形塑像和设备。

"叽叽喳！叽叽喳！叽叽喳！叽叽喳！

"安静，孩子们，安静。"

"叽叽喳 叽叽喳 叽叽喳 叽叽喳 叽叽喳……"

"安静。乔尔。辛迪！安静！快安静！"

"嘀嘀咕 嘀嘀咕 嘀嘀咕 嘀嘀咕 嘀嘀咕……"

"罗伯特，嘘！"

"帕姆！"

"　　　　"

等终于安静下来，孩子们的脸上挂起了一层严肃的表情。老师圆满地维持了秩序，便退到房间后面去批改试卷，留我一个人跟孩子们在一起。我总是会说上同样的一段开场白：

"嗨，你们好。我叫戈登·麦肯齐，是个艺术家。当然，我也还有其他一些身份。我敢打赌，在座的各位小朋友里面，一定还有别的艺术家。教室和学校大厅里挂的那些漂亮图画和设计，就是出自你们的手笔吧。我今天早晨一来就注意到它们了。

"画得真漂亮。我觉得棒极了！很有活力。有那么多明亮的颜色和有趣的形状。看到这些作品，我觉得像是回到了家里，因为我意识到，这里除了我，还有别的艺术家。所以，我很好奇。这间屋子里有多少个艺术家呢？能举手让我看一下吗？"

每次的情形总是一样。

一年级：

哗啦啦，孩子们从座位上跳起来，齐刷刷地使劲挥着胳膊，手举得高高的，恨不得高到天花板上。孩子们个个都是艺术家。

二年级：

一半的孩子举起了手，手举到齐肩高为止。

举起的手全都老老实实，不动弹。

三年级：

30 个孩子里最多能有 10 个举手的。试试探探，扭扭捏捏。

如此一个年级一个年级地变化下去。年级越高，举手的孩子便越少。等到了六年级，一个班上最多只有一两个孩子举手，他们的眼睛左瞅右瞅，流露出一种不安的情绪，担心被集体标上"未出柜艺术家"的标签。

"这是怎么回事？难不成所有的艺术家都转学去上艺校了？"

通常，孩子们意识到我是在开玩笑之后，会笑出来。

"嗯——嗯。我想不是。我担心这儿发生了一些很不妙的事情。我觉得，真正的情况是，你们上当了，放弃了我们生下来就收到的一份最棒的礼物。也就是成为艺术家，做一个创作天才的天赋。"

我会告诉同学们，他们可以重新找回自己的创作天才。尽管可能不太容易，但只要你愿意，总能把它找回来。我们稍后再继续说它。

此刻我想阐述的要点是：

我拜访的每一所学校，都参与了对创作天才的压制活动。

为什么？

为什么会有人压制天才呢？呃，这倒不是出于故意，也不是什么惊天大阴谋。社会努力训练孩子们告别天生的愚昧状态，一不小心，天才就成了无辜的牺牲品。

你们知道，我们每个人心底都住着一个傻瓜。

一个急躁、傲慢、轻率、鲁莽、放肆、

笨拙、失检点、欠克制、不怕死的傻瓜。

对大多数人而言，很久很久以前，

我们就把它五花大绑地关在地下室了。

如果你想找个张牙舞爪的傻瓜来看看，那就看看天真烂漫、

没受过管教的孩子吧。

越没受过管教越好！

对所谓行为恰当的规范不闻不问，任由疯狂的好奇心和

纯真的欲望驱使。

原始的天才，勇往直前地去受伤，去探索奇迹。

有灵气，惹人烦，着迷，暴躁。

我们生而具备的创造野性。

野性，傻瓜，

不是社会的产物。

所以，我们要驯服这头小怪兽。

我们教他们"不"这个词的意义。

我们教他们"界限"的好处。

我们教他们宝贵经验的价值。

要是我们的教诲不够，社会就会分崩离析，

文化的质量也会江河日下。所以，我们必须驯服。

但如何既驯服傻瓜，又无损傻瓜与生俱来的

创造力和天赋，我们一直没怎么学会。

倒洗澡水的同时，我们把宝宝也给倒了出去。

钻石卡特尔素来保持着尽量低姿态的操作方式，它的存在，是为了限制钻石的开采量，人为地将已开采出来的钻石维持一个高价格。它希望自己能够隐身于无形，只可惜人人都知道它的存在。

但是！至少有一个卡特尔是真正无形的：天才卡特尔。我们能把它揪出来吗？

为了持久存在，社会需要对"正常"（normal）进行定义。

Normal：正常，1. 符合公认的模型、模式或标准；2. 不反常。

可创造力和天才跟正常没太多关系，更多地和"独创"（original）有关。

Original：最初的，独创的，原始的，1. 与原产地、来源或发端有关系；2. 以前从来不存在的；3. 不受现存观念或作品的约束，进行创造或发明。

我们的创作天才是独创性的根源。它激发了我们的演化冲动，鼓励我们去挑战规范。创作天才，是张开未经检验的翅膀，勇往直前地飞向崭新的高度。它有崩溃的风险。它身无定形，不可思议，无法衡量又不可预测。

随着文明的成熟，天才卡特尔成了压抑独创性的机构，渗入我们的生活。它逼得伽利略放弃了自己通过科学天才取得的成果。它赐给苏格拉底一杯毒酒，对圣女贞德处以火刑，把基督钉死在十字架上。

天才卡特尔的合作者太多了：立法的议员，执法的警员，政府官员，教士，老师，家长，兄弟姐妹，丈夫，妻子，恋人，同事，老板，朋友，熟人，甚至素不相识的陌生人。凡是向现状投降了的人，都站到了改变的对立面。

从摇篮到坟墓，我们每时每刻都要承受压力：大家都要求我们**要正常。**

而那些莫名逃开了这种压力、表现出自身天才的人，习惯了受嘲笑，遭谩骂，背负其他各种侮辱。

这就难怪哪怕是六年级的小孩子，都几乎没人愿意承认自己是创作天才了。

但我们需要靠着自身的天才，来摆脱平日反复陷入的困境。所以，从个体着眼，我们必须战胜天才卡特尔，抛开千篇一律所带来的群体安全感，向你我的天赋寻求帮助。是的，你的天赋，和我的天赋。

你曾经为自己的天才烦心过吗？我猜，从前有过：或许是在你很小很小的时候，你对自己的天才有过那么一闪而逝的想法，你等着某个权威人物过来帮你确认。

但没人过来。

当然没人来。确认天才不是权威人物的本行，因为天才是权威的威胁。

但希望总还是有的。你是成年人了。身为成年人，你也可以选择自己做权威。为此，你需要找好位置，唤醒自己当初在被驯服成傻瓜时弄晕的创作天才。

找回心底的创作天才，是你迈入轨道的第一步。

世界知名创意公司总经理是怎么看
"艺术家测试"的？
扫码获取"湛庐阅读"APP，搜索
"绕着大毛球飞行"查看彩蛋。

什么是彩蛋 | 彩蛋是湛庐图书策划人为你准备的更多惊喜，一般包括 ①测试题及答案 ② 参考文献及注释 ③ 延伸阅读、相关视频等，记得"扫一扫"领取。

第 2 章 大号毛球

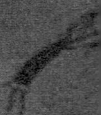

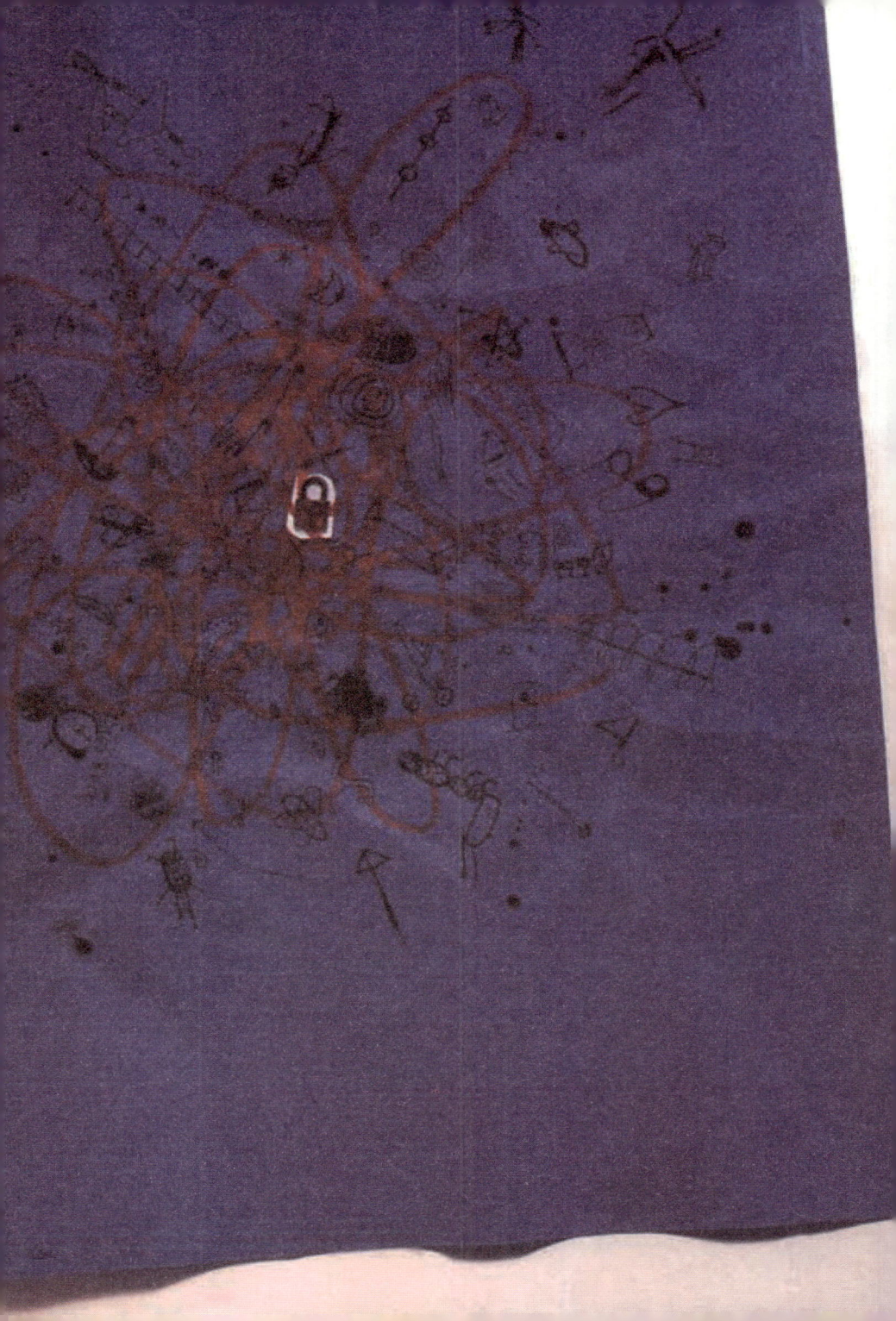

"这是一坨巨大的毛球。"

乔治·帕克（George Parker）在跟部门主管和高级经理们开会时这么说。乔治是个广告人，他离开芝加哥的艾尔公司（N.W.Ayer）来到堪萨斯城，在贺曼贺卡公司的创意部当了 10 年"彼得大帝"的角色，之后才又重新上路。粗糙的"毛球"比喻，指的是他自己的创意部。

"真是个恶心说法！"我想。有点蛮横的浮夸作风，那是帕克先生给自己精心设计的个人风格。我撇开对这幅图像的想象，把它从我的脑袋里赶了出去。但这个比喻可没那么容易被打发走。过了几个星期，我在路上开着车，脑子里本来空空的，突然，一个念头弹了出来：

"且慢！本来从前是没有毛球的。那么，毛球是从哪儿来的呢？"

我沉吟了一下，然后做出了推论：

"嗯，两根毛发卷在了一起。然后，又卷进来一根。又卷进来一根。再卷进来一根。用不了多久，原本什么都没有的地方，就出现了这团纠结不清的东西。"

我终于弄懂了乔治的话：

"创意部是一坨巨大的毛球，"我想，"不只如此……贺曼贺卡就是一坨巨大的毛球！"

毛球贺曼贺卡

故事是这样的：1910 年 1 月 9 日，18 岁的乔伊斯·克莱德·霍尔（Joyce Clyde Hall）拿着一张单程票，搭火车从内布拉斯加的诺福克到了堪萨斯城。到达老联合车站之后，他在当地的基督教青年会住了下来，打算开展邮购明信片的业务。据说，他把自己最初的所有库存，塞到了 3 米见方的房间的床底下。这桩从寒酸起步的小买卖，最终诞生了日后的贺曼贺卡公司，全球最大的社交表达企业。

那时候还没有贺卡行业，所以，对青年霍尔羽翼未丰的小公司来说，这里没有太多先例可循。因为成交的先例太少，他不得不靠着常识、直觉和本能来做许多决定。最初的思考肯定是相当武断的。他很可能这么对自己说：

"我的直觉告诉我，这么做最有效，那么做有道理。"

霍尔最初的两个商业决策，"这么做"和"那么做"，也是后来变成了贺曼贺卡这坨大毛球的最初两根毛发。数十年来，霍尔和跟随他的数千名贺曼贺卡公司人，恰如其分地做出了一个又一个商业决策，确立了一个又一个流程，制定了一个又一个政策。在这么做的过程中，无数根毛发加入了毛球。围绕成功和失败的教训，人们确立了有效行为的复杂模式，造就了"企业常态的难解之结"，和企业心态里的"可接受的模型、范式和标准"是相同的意思。

这一企业常态，就是贺曼贺卡公司的成功公式。它是贺曼贺卡最根本的东西，也就是贺曼贺卡毛球。

每一条新政策都是缠进毛球的另一根毛发。毛发从无减少，只在增加。连频繁的重组也不能消除毛发的数量，因为重组有时候能减少人，可从来减少不了毛发。恰恰相反，每一轮重组似乎都添加了新一层的毛发。毛球越长越大，成了庞然大物。

随着毛球的增长，毛球的引力也有了相应的增长。这里存在一种叫作"企业引力"的东西。企业世界也跟物理世界一样：物体所施加的引力，随其质量的增加而增加。而且，和物理引力一样，企业引力会把所有东西吸进自己体内，这是它的本质。在本例当中，也就是吸引到"企业常态"这"坨"集体里。

这里的问题在于，企业常态源自过去的现实和过去的成功，也专注于此。企业常态毛球里没有原创性思考或根本性创新的空间。与过去的成功保持同一步调，是毛球的习惯。

我在贺曼贺卡工作 30 年了，直到今天。

和工资簿上的许多其他艺术家和作家一样，我的使命，我的任务，就是为公司搞创作。贺曼贺卡喜欢吹嘘自己拥有全世界最大的创作人员团队，有时多达 600 人次。

Create：创作，制造，1. 产生，造成，引起；2. 赋予新的特性、机能，加以新的诠释；3. 导致，生产。

所以，我是搞创作的。但在这30年里，没有哪一天，我不受企业引力的无情牵引，被拽啊、拖啊、拉啊，直向着那纠结的毛球而去。终于，在某一年，我被活生生地拉进去了。而毛球里，过去成功的幽灵可远远比独创性思维要多得多。

要想接通创作力，你的精神必须高高地飞向大气平流层的空气稀薄地带，也就是蓝蓝的天空那儿。只有在那里，你才能从无到有地"造出"一个独创的概念。毛球对稀薄空气的厌恶，就像大自然讨厌真空一样。遵循先例的现实世界，更对毛球的胃口。一个有着既定规则、技术、方法、体系和方程式的蜂巢世界，是毛球引力的核心。

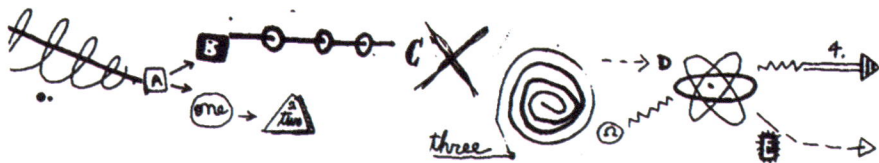

许多贺曼贺卡公司的人都向这无情的引力屈服了。他们悬浮在公司单调刻板的灰色内脏里，想着：

"今年是哪一年来着？"

（他们花在事业上的精力也仅限于此了。）

其他人，因为努力想避免滑向毛球的危险边缘，躲进了其他活动中，可具有讽刺意味的是，他们往往又被缠进了其他的毛球。

最后，只有极少数人（我听说，确实有这样的几个人），能够积极利用贺曼贺卡公司展现的机会，又没有落得个被吸进贺曼贺卡大毛球的下场。这是靠"轨道运行"来实现的。

✿

"轨道运行"是负责任的创造，它积极开拓和运作，跳出企业思维惯性的毛球，跳出"可接受的模型、范式或标准"，同时和企业使命的灵魂保持联系。

找到企业毛球周围的轨道，也就是找到一个平衡之所：你既能从组织的物质、智力和哲学资源中获取好处，又不会被组织的官僚主义所埋葬。

如果你有兴趣，你可以这样实现轨道运行：拿出保持真我的勇气，采取最佳行动路线完成工作，而不是照着企业惯例的苍白道路走。它并不适合所有人。

要想找出为企业效力的最佳值，你必须投入足够的个性去抵消企业引力的拖曳。但你也不能完全摆脱它的拖曳，只要能待在毛球之外就够了。

靠着这样有分寸地维护自己的独特性，你有可能和毛球建立起动态关系，即绕着体制轨道运行。如果做到了这一点，你就可以把企业引力变成一种有用的资产，避免飞进遥远太空那吞噬一切的虚空里。

可要是你让这种引力把你吸进了官僚毛球，你就是进入了另一种不同的虚空。因为固守着过去的成功，"常态虚空"会让人变傻。这也就是"毛球虚空"。

BEAUTY Delight Pure P...

第 3 章 粉菩萨

我刚进贺曼贺卡公司的时候，既对毛球一无所知，也对这事儿毫不上心。编辑部招聘了两名插画师，为整支写作和编辑团队服务，我就是其中之一。我喜欢这项工作，隔壁设计部的画家满天飞，在编辑部显然要好多了。但在逐渐接触各个部门的过程中，我发现了一种自己不大喜欢的循规蹈矩的气味。此前，我为几家日报干过，那些地方都能容忍一定程度的怪癖，所以，在我看来，贺曼贺卡公司的这种精神，似乎跟我们生产的那些五颜六色的好玩产品不怎么协调。我甚至有点后悔到"大灰宫"上班了。"大灰宫"是一些不怎么恭顺的老前辈给公司起的外号。

接着，我开始听到一些故事，非常精彩的故事，关于在一个偏离主流的僻静部门里，一群奇异艺术家、变态作家和各种怪诞行为的故事。传说是这样的：这个部门最早建立于20世纪50年代，是趁着乔伊斯·克莱德·霍尔离开公司的一段时间里冒出来的。后来，霍尔先生回来了，尽管他并不喜欢，甚至有人说是讨厌"当代设计部"的产品，可他也看到，这些产品销售极其火爆。显然，它们迎合了公众此前未得到满足的购买欲望，而且还为贺曼贺卡的财务状况增添了更多的健康系数。身为一个明智的商人，"老人家"容忍了"当代设计部"的存在。但从一开始，此部门的地位就相当于后妈养的孩子，一个不守规矩但绩效惊人的继子。

我想去那儿工作。可那儿是个小圈子，再说，其他好多画家和作家也想去那儿干活呢。我花了两年半才终于挤了进去。

"当代设计部"跟我听到的传说完全一样，也正跟我的希望吻合，甚至还不止。部门主管罗伯特·麦克洛斯基（W. Robert McCloskey）把类似幼儿园风格的混乱状况，悉心编排成了精彩纷呈的可销售产品流。追随者们总会带着连自己都说不清的敬意，一本正经地称呼他"麦克洛斯基先生"，我自然很是敬畏，我当面称呼他是"麦克洛斯基先生"，背后则叫他"大粉"，因为他有着庞大的体格、红润的肤色。面对手下这群唾弃权威的怪人，他打着"主管"的幌子，不动声色地加以领导。他以卓越的外交手腕，把"大灰宫"的食肉天敌们挡在外面，又用精明的使命感和持久的"客户为先"的愿景，主持着"疯人"茶话会。

我当时可能不会这样形容它，但这就是我对"毛球和轨道"的介绍。这里是毛球贺曼贺卡，靠自身文化所必需的成功惯性高速行进着。"当代设计部"绕着它做轨道运行，向毛球负责，但不受它控制。这种轨道运行里存在着绝妙的平衡。麦克洛斯基打定主意要自行其是。但他也知道，想留在这一行，他必须满足创始人乔伊斯·克莱德·霍尔和贺曼贺卡公司的雄心壮志，为他们增光添彩。幸运的是，麦克洛斯基的理想和贺曼贺卡的理想并不矛盾，但他创造新潮贺卡的热情，超出了霍尔先生的舒适地带。为了缓解霍尔先生的不适感，麦克洛斯基勇猛地创造了一条不断带来丰厚利润的生产线。他大费周章地游说霍尔先生及其"朝臣"，希望他们重视"当代设计部"离经叛道的产品线的价值。

当然，要创造出离经叛道的产品线，需要离经叛道的画家和作家。在招募此类人等方面，麦克洛斯基有着惊人的天赋。

离经叛道者，是很难打交道的。从定义来看，他们讨厌接受领导。麦克洛斯基的做法，是用"不是领导的领导"来吸引他的怪癖天才们。他明白，离经叛道者们是不受常理约束的。他愿意接受这一点。不受常理约束，正是进入轨道的第一步。这完全跟他的计划相吻合。他意识到，"当代设计部"取得的成功，最终会让它变成一团毛球，尽管我想他自己不会这么说。虽说比贺曼贺卡毛球要小得多，但归根结底仍然是毛球。毛球是政策，是程序，是规矩，是顺从，是刻板，是屈从现状；绕轨道飞行则是独创，是打破规则，是不墨守成规，是实验和创新。为了让自己的部门保持年轻和活力，麦克洛斯基希望自己的船员，至少是我们这些渴望也愿意与他同行的人，创造自己的轨道。有了轨道，创新也就有了适合的地方。这样，他让我们跳出常理的约束。但，为了阻止我们滑入无尽的虚空，因为那样的话，不管是对他，还是对贺曼贺卡公司，我们都没用了，他也会用自己独特的引力，把我们的离心力融合进轨道里，让我们在跟系统相关、同时又不属于系统的道路上运行。

他是怎么做到产生这种引力的呢？主要靠讲故事。他是个真正的故事大王，谈什么都会来上一段儿。他就像一尊乐呵呵又高深莫测的商业菩萨一般，利用有趣的比喻，或者令人费解的企业公案故事，借助它们微妙的力量，温柔而坚决地把我们往轨道里送。他总是很讲究娱乐性，一贯优雅而贴切，又从来都有着自己的一套打算。麦克洛斯基毕业于罗得岛设计学院，后来又在自己家开办的百货公司工作，所以他既是艺术家也是商人，他亲切地向我们献上他来之不易的艺术实践认识，即如何创造新鲜、优美的产品，并对广大受众产生吸引力。

　　我在这个部门干了几年，生产效率颇高，麦克洛斯基提拔我当了设计主管。你猜怎么着？我变成了一团小毛球，就跟我那些同级别的主管一样。要是画家和作家们能围着我们做轨道运行，就算谢天谢地了。

　　在你脑子里设想一下这复杂的运动吧：所有的作家和画家，围绕着主管小毛球，在叛逆的轨道里运行。反过来，主管们又围绕着麦克洛斯基先生的"当代设计部"大毛球运行。它再同样地围绕着巨大的贺曼贺卡毛球运行。周而复始，亘古不变……

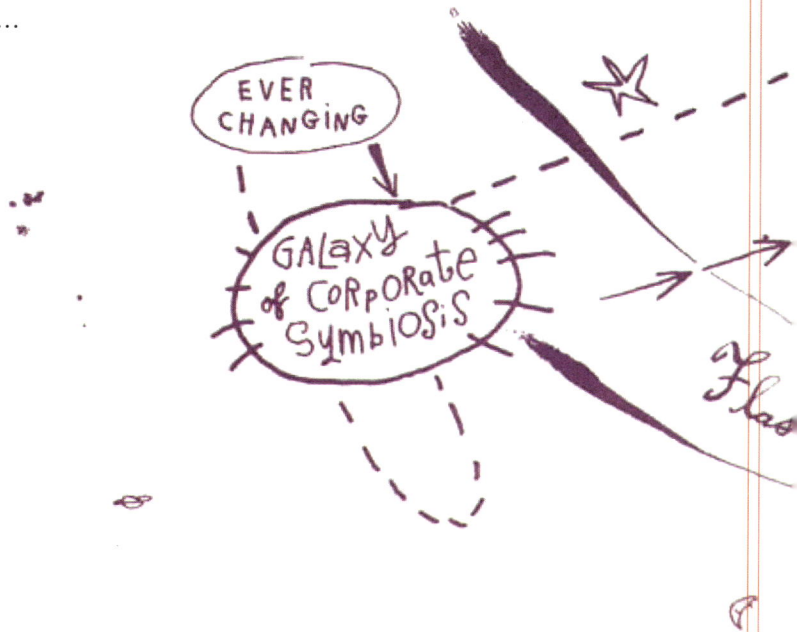

EVER CHANGING

GALAXY of CORPORATE SymbioSiS

SPARKLING
WITH
DANGER

order

ChaoS

and choices

BRilliance .... in an infinite darkness

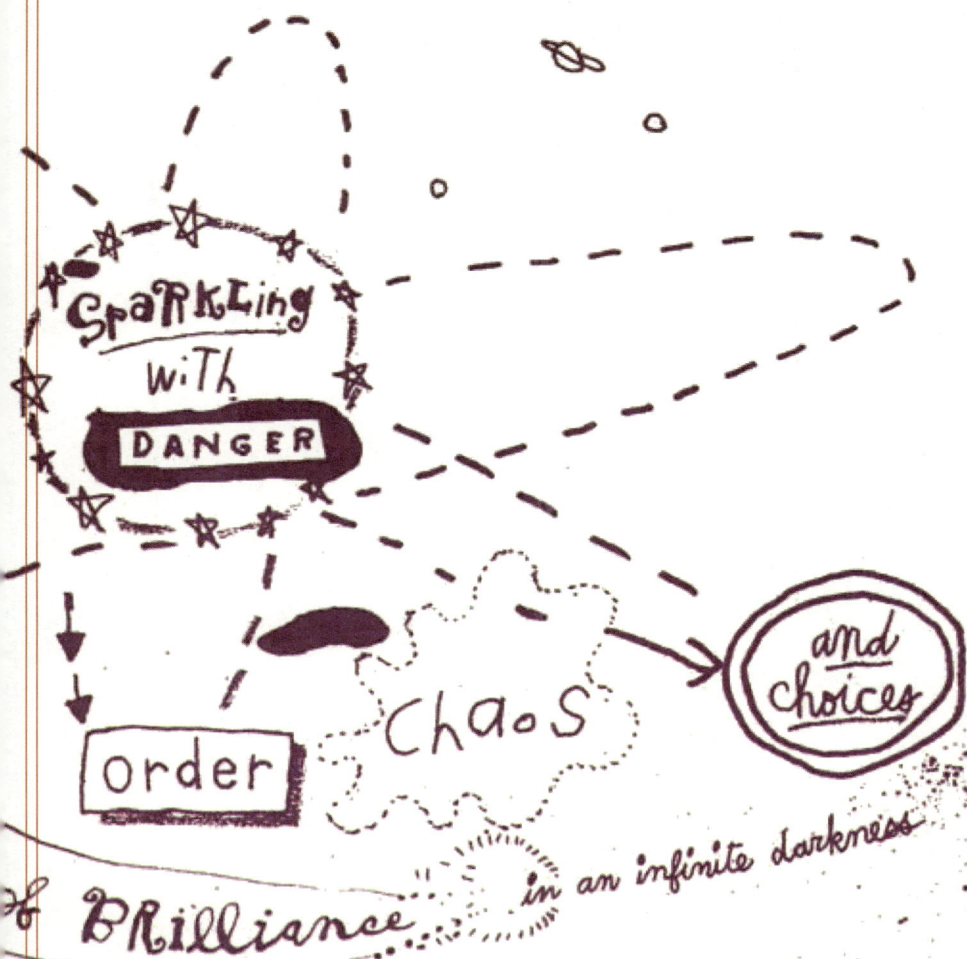

A NEVER-ENDING EMPTINESS
FILLED WITH OPPORTUNITIES
TO BECOME LOST AND TO GROW

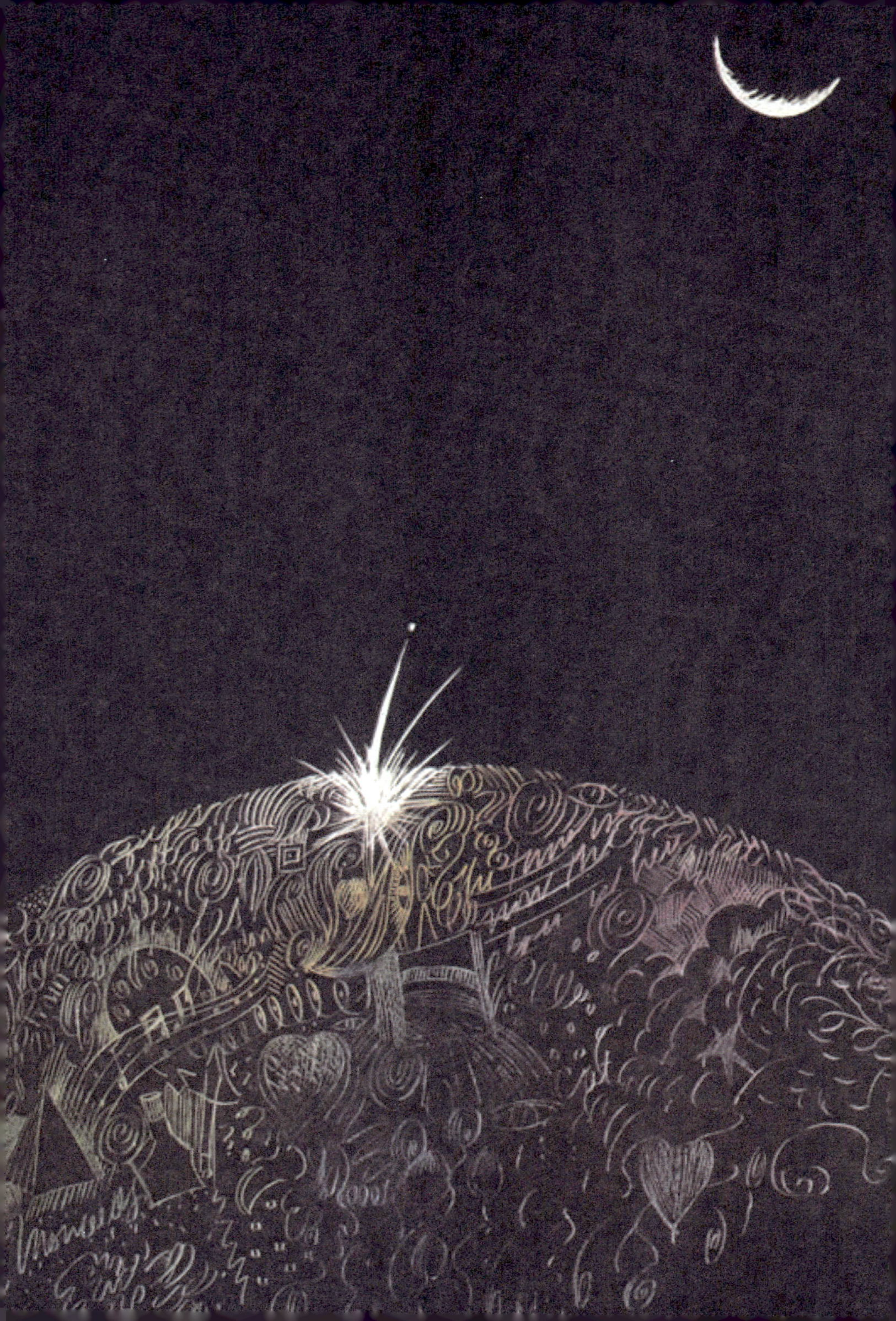

第 4 章 在毛球里做准备

你有可能很快就上了轨道，但结果却证明这是件坏事。所以，你必须先成长、成熟，直到做好准备。就算在毛球里也能做到这一点。它的错综复杂可以充当你的保护盾，就像婴儿的襁褓一样，它是为进入轨道飞行状态做准备的蚕茧。

不过，我也要警告你：蚕茧也可能让你动弹不得。

由于整个现实是无穷无尽的，人的意识头脑没法子把握它。人最多能根据自己的智力、精神和情感的容量，抓住无尽现实里最大的一块碎片，再根据个人的辨识能力，从这块碎片里提取真实。但不管碎片有多大，人对现实的感知，都只不过是无尽现实里的一丁点儿。

文明对无尽现实的感知也是有限的。靠着高傲的自信，它把这种感知强加给我们，让我们以为那是自己的想法。对我们效力的公司而言，情况同样如此。它们对现实有着自己的感知，并将其强加给我们。这样一来，我们就被包裹在了前人感知的现实之茧里。因为有着共同的信仰，这些茧带给我们一种情绪上的安全感，但它同样也捆绑着我们，束缚着我们，就像中国古代妇女的裹脚布一样。

虽说听起来有点怪，但对社会秩序眼里的"恰当"观点，我总是既接受，又摒弃。我渴望随波逐流带来的舒适感。可同时，我也不顾一切地逃离让人灵魂凋零的社会规范和标准，飞向更广阔的独创生活，哪怕它少了很多的确定性。

我很幸运，贺曼贺卡公司这个茧，能让我享受到这两种互相矛盾的动力。我可以把大部分职业生涯用在绘制同时书写风趣幽默、不拘一格的贺卡上，用一种淘气的态度发泄我对社会限制的怒火，为公司赚取利润，也为我带来物质保障。这似乎是一条可行的折中办法。

然而，年薪却一天一天地想把我拉出这个小生境，把我朝着中层管理人员的地方使劲推。对一个心存远大抱负的"轨道飞行器"来说，这样的命运十分令人讨厌，可随着时间的推移，我渐渐以"导师"自封，最终还是逃开了它。于是，我就又进入了一块充满不确定的领域：对人类，即对他人，以及我自己的，自由灵魂的热情追逐。我放弃了抢夺社会秩序带来的权力，努力想要成为自主权的捍卫者。我怀着崇高的使命感，酝酿出一套个人议程：颠覆企业文化的愚民政策，倡导创意天才的解放。我的使命成了我的事业。尽管我依旧从事具体的产品或影响相关的项目，但我的热情却转到了更深刻的东西上。我在贺曼贺卡公司的最后一任上司鲍勃·基普（Bob Kipp）曾对一本杂志的记者说：

> "戈登的工作……是跟踪新的想法，筛选组织的精神
> 需求，并将之一一道出。"

为了道出这些精神需求，我借用了心理疗法的技术和词汇库。我炮制出了一些术语，比如"茧"、"毛球"和"轨道飞行"，阐述了我眼中的现实。我还编出了一些催化仪式和心理练习，努力想要吸引梦游天才们的注意，把他们唤醒，帮助他们找回勇气，成为真正的自己，而不是公司期待他们变成的人物，激励他们在生活中注入造福人性的激情。

有人开始称我为"贺曼贺卡公司创作团队和管理团队之间的桥梁"。其他人则视我为骗子、假内行。我猜，这两种说法其实都各有道理。但除此之外，我靠着履行自己直觉引导下的使命，从公司破茧而出。我解开了企业常态毛球的镣铐，飞入了轨道。

　　"……如果你循着内心直觉的喜悦而行，你就走上了一条永恒存在的轨道，你应该过的生活，就是你现在正在过的生活。"

　　　　　　　　约瑟夫·坎贝尔，《神话的力量》①

轨道飞行，就是循着你的喜悦而去。

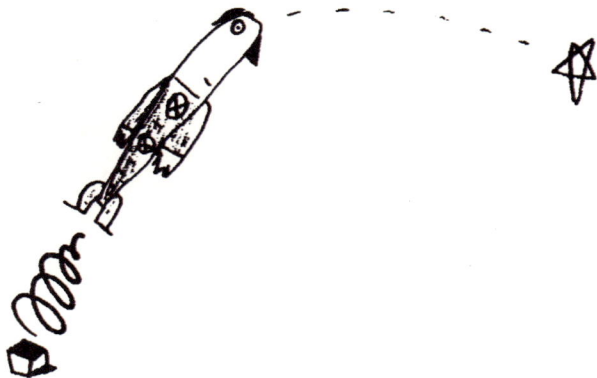

①《神话的力量》是伟大的神话学大师约瑟夫·坎贝尔的著作。这是一本重新认识神话、发现自我、探知关于心灵真理的书。此书已由湛庐文化策划，浙江人民出版社出版。——编者注

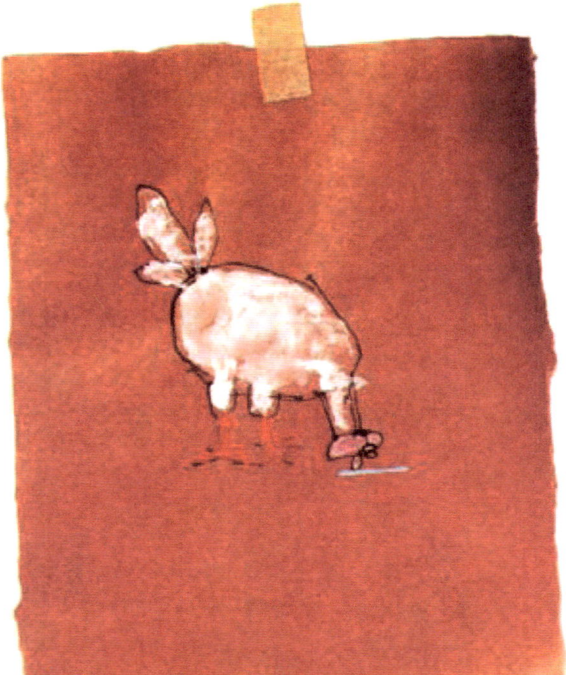

第 5 章 小鸡的白线

1904 年夏天，我父亲到他叔叔和婶婶的农场去住了一阵子，那地方离加拿大安大略省布鲁斯县东北边的勒克瑙不远。

碰巧，叔叔和婶婶有个跟我父亲同龄的儿子。常言说得好，两个男孩碰了头，恶作剧的天分就出了世。

一个晴朗的周日，捣蛋鬼们假装肚子疼，躲过了去教堂的折磨。叔叔把马套上大车，让妻子进了坐厢，便去城里做礼拜了。当然了，马车刚刚出了男孩们的视线，肚子疼就奇迹般地消失了。两个 10 岁的孩子立刻着手找事做。

为了打动我父亲这个城里男孩，乡下表弟便问：

"你知道怎么给鸡催眠吗？"

"催眠？嗯？哈？那是什么？"

"跟我来。"

表弟带着我父亲到了大院后面一间破旧不堪的鸡舍。他选了一只漂亮的白母鸡，用胳膊夹着它来到房子前面，拿出粉笔，在门廊上画了一条短线。他把母鸡放在粉笔线上，让它的喙去碰白线。过了一会儿，男孩慢慢松开手。母鸡一动不动地站着，喙对着粉笔线，如同入了魔。我的父亲惊喜地大叫起来。

"再来一次！再来一次！"他恳求道。

两个男孩跑回鸡舍，抱出另一只鸡。又抱一只。再抱一只。没过多久，鸡舍就空了，而门廊前面却挤满了 70 多只一声不发站在粉笔线上的鸡，喙好像是粘在了门廊上。

男孩们似乎也给催眠了，对这个机灵的小把戏入了迷。微风吹过，鸡仍然一动不动，鸡毛却微微地有点荡漾。远处响起了嘚嘚的马蹄声，还有车轮转动的嘎吱声，那是叔叔和婶婶归来的预兆。看到这个新玩笑，他们难道不会感到惊讶吗？对孩子们的恶作剧，叔叔和婶婶通常表现出反常的骄傲。

别急！来的是两辆马车，不是一辆。叔叔婶婶的大车后面还跟着牧师驾的单座马车！叔叔和婶婶邀请了苏格兰长老会的牧师来共进午餐，也可能是晚餐，这要看我父亲回忆时是怎么说的了。更糟的是，婶婶已经对牧师说过，孩子们没去教堂是因为生病了。

看到这不知所谓的蠢行，叔叔顿时腾起了尴尬的怒火，他跳下马车，跃上门廊，一只一只地把鸡踢得清醒过来。空中立刻飞满了羽毛，鸡咯咯地叫了起来。牧师震惊地掉转马车，一个字儿也没说就逃回了城里，再也没回来。

发生在这些鸡身上的事情，也可能发生在你身上。刚进入一家组织，你一定会被人狠狠压着脖子，按下脑袋，让你的嘴巴靠近一条线，这次不是粉笔线，而是公司线。公司会这么说：

> "这是我们的历史。这是我们的理念。这是我们的政策。这是我们的程序。这是我们的政治。我们就是这样。"

要是你不够小心，就会被这根线催眠了。

要是这样的话，可就太惨了。

你刚进入一家组织的时候，本来带着一股神秘的魔力，它部分源自你的独特性。反过来说，你的独特性根植于复杂、独特、深奥且无法复制的个人历史。这个世界上绝不会有跟你一模一样的人，绝对不会。所以，你带来了一种其他人做不出来的东西。你的独特中蕴含着力量，那是一种神秘的、无法衡量的力量。

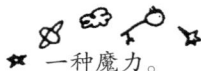

一种魔力。

但如果你被组织的文化催眠了，你就与个人魔力撕裂开来，不能再靠着它帮助组织实现目标了。因为与自成一体的魔力丧失了联系，你便成了平凡无奇的公司一员，深深地陷入了毛球里面。

所以，每当你感到自己的头被迫朝着组织文化的粉笔线上靠，千万记得要逃出来，别被它洗脑。相反，你要去找出能触动你内心的组织目标，把激情释放出来，跟着这些目标走。

抵制组织文化的催眠法术，同时全心全意地朝着与个人志趣相投的组织目标前进，这是一种微妙的平衡。倘若你能实现这一平衡，并尽量保持，你就能飞出毛球，进入轨道。只有在轨道上，你才能接通自己独一无二的魔力，开启你的天赋，释放你无穷无尽的创造力。

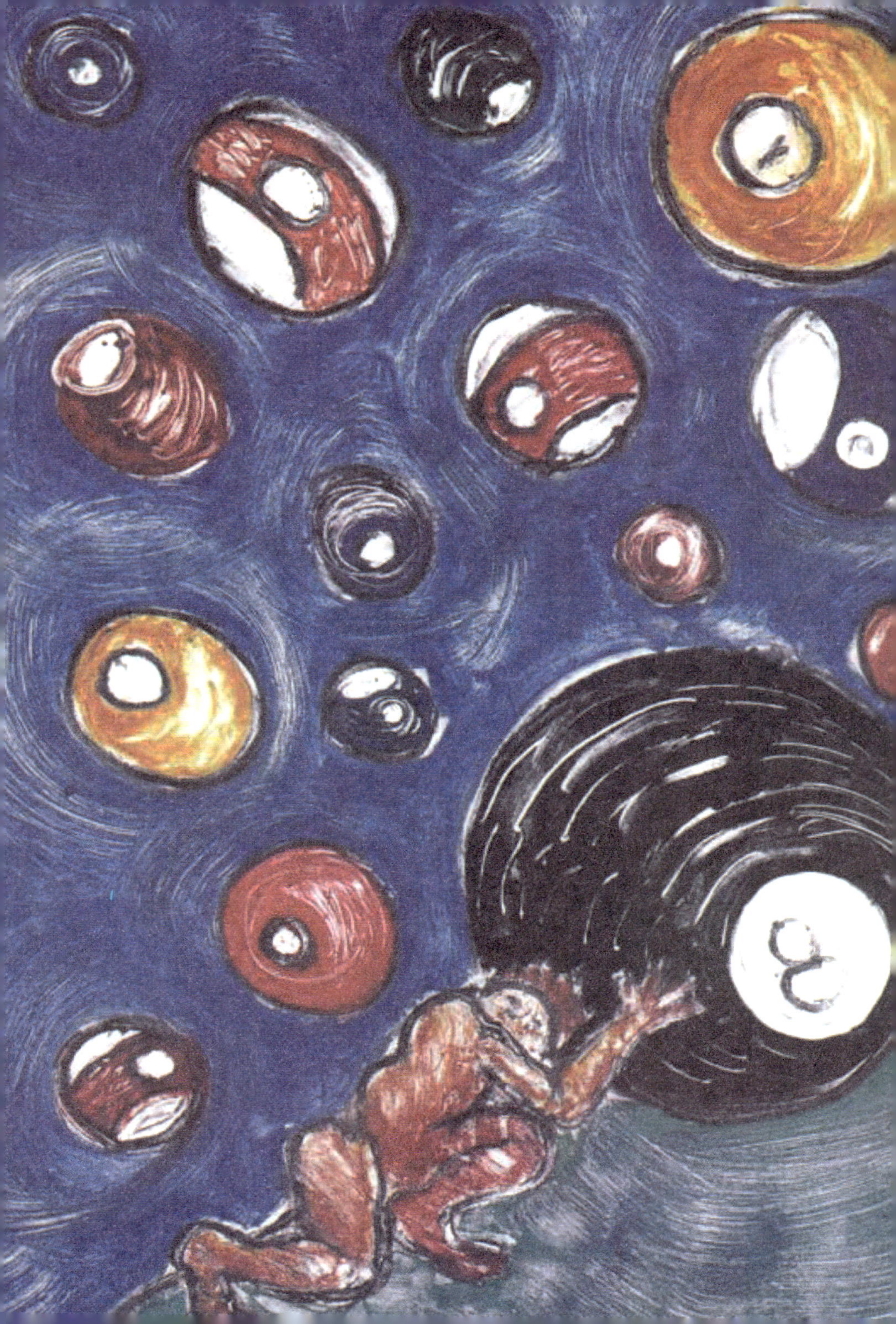

第 6 章 像个冠军那样挥洒自如

1989 年 6 月，北加利福尼亚某电脑巨头下辖的一支特别项目组召开会议，我受邀发言。参加该项目的学校老师来自全国各地，和他们从前的导师在该公司的总部重聚。尽管聚会要持续整整一个星期，但我只有第一天在那儿。下午，我做了演讲，开了专题讨论。而上午，我只是列席旁观的客人罢了。

故事是从一句传统的客套话拉开序幕的。一位负责整场活动组织工作的女士，向所有与会者致词表示欢迎。在开场白里，她向所有曾经慷慨帮助她召集会议的人表示了感谢，她说：

> "你们帮了我太多忙了，多亏了你们，我的工作才得以顺利展开。"

令我吃惊的是，听到这样的感谢，人们却起了哄。

女士脸红了，虽说她一直面带微笑，但言语中却突然流露出一种防御的态度。我禁不住想，也许，在这家公司，你根本别想顺利展开工作。上午稍晚些时候，我的怀疑得到了证实。另一个倒霉蛋在发言时说，自己新近着手的项目已经顺利起航了。人群再次爆发出嘲笑的声音，这让我相信，在这家公司的企业文化里，工作顺利是个禁忌。

午休时间，我找了个空儿冲回酒店客房，躲在房间里，给漫画新加上了一个 8 号球[1]，这是我下午演讲要用到的稿子。后来，到了我演讲的时候，有人问起 8 号球是什么意思，我就告诉小组说，

---

[1] 英语里有一个短语，叫 "behind the eight ball"，指前途茫然，凶多吉少的情况。它最早出自台球，这里把 "8 号球" 单独列出来，后文将解释原因。——译者注

这幅画是为了提醒我，要记得上午产生的疑虑，而这疑虑又叫我想起父亲打台球时给我的一个教训。

　　小时候，我父亲想把我培养成一名台球运动员，但这番心血算是白费了。那期间，他对我讲起，他年轻时对打台球相当狂热。当时，他住在加拿大的埃德蒙顿市，那儿正巧要举行一场冠军争夺赛。父亲回忆起，当他走进比赛大厅，穿梭在人群里寻找座位时，心情无比激动。他说，随着灯光暗下来，他心里的期待越来越高。大厅中央，雕工华丽的台球桌立在明亮的灯光之下。一个穿着黑色燕尾服的矮壮汉子，从黑暗中慢慢显现身影。那人站了一会儿，凝视着台球桌对面摆放成三角形的五色台球。接着，他不紧不慢地脱掉外套，把它叠好，放在一边。黑暗中，他拿起一根球杆，眼睛死盯着台球桌，给球杆顶端擦了擦粉，重新放好白色的母球，无声无息地弯腰拉开了球杆。瞄准……啪！他把球桌对面的台球像碰碰车一样打散了。比赛开始了。

　　"2 号球。"啪……咚。
　　"7 号球。"啪……咚。
　　"4 号球。"啪……咚。

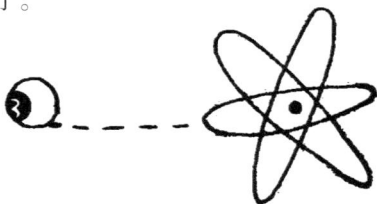

　　一个接一个地，男人把球打进了球袋，结果，这场比赛，完全就没有"比"和"赛"。我的父亲回忆说，看到冠军顺利地击出一记又一记好球，自己反倒越来越失望。他原本想要看一场激烈精彩的竞争，结果却只见证了一次静悄悄的精湛球技表演。

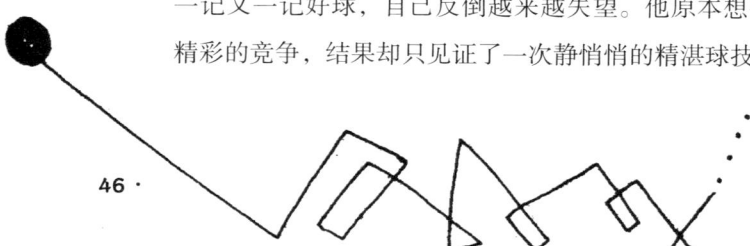

我暗示这家电脑公司的新朋友们，不妨考虑在自己的脑袋里为这样的可能性腾出点空间：有时候，看见同事顺利地完成了工作，说不定就是见证了冠军表演。

要是公司只奖励在充满压力的工作上过度劳累的英雄，一首海妖之歌① 就飘进了组织里其他每个人的耳朵：

让你的工作变困难，

把自己搞得瘦骨伶仃，

让自己累到虚脱，

最终，你

可能得到上级的赞许。

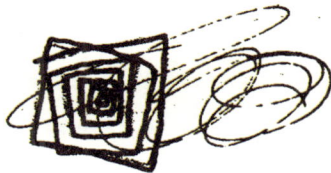

如果你渴望万能的企业之父给你祝福，那就：

延长工作时间，超过合理程度；

承担更多责任，超过合理程度；

把工作变得更困难，超过合理程度。

做到这一点，你的奉献才能换回祝福；

你的努力才会获得肯定。

这种文化上的诱惑营造出了一种古老的幻觉：只要我们干得足够努力，工作时间足够长……

总会有人发现我们的价值，

总会有人发现我们的可爱之处。

而我们，也最终能找到安全感。

① 希腊神话中的海妖之歌总是以优美的歌声诱惑航海者，致使海员死亡。现在用其来比喻骗人的甜言蜜语和虚假蛊惑人的言论。——译者注

可恰恰相反，要是我们真的接受了这诱惑，它所带来的其实不过是一种生活质量不断受到人为的劳苦侵蚀的职场。

放弃这套"把过度工作视为目的"

的博弈，

难道

不是更适合的选择吗？

何不，

把你内心藏着的天才挖掘出来，

培养你的技巧，

像个冠军那样挥洒自如。

第 7 章 你忽视的，就是你得到的

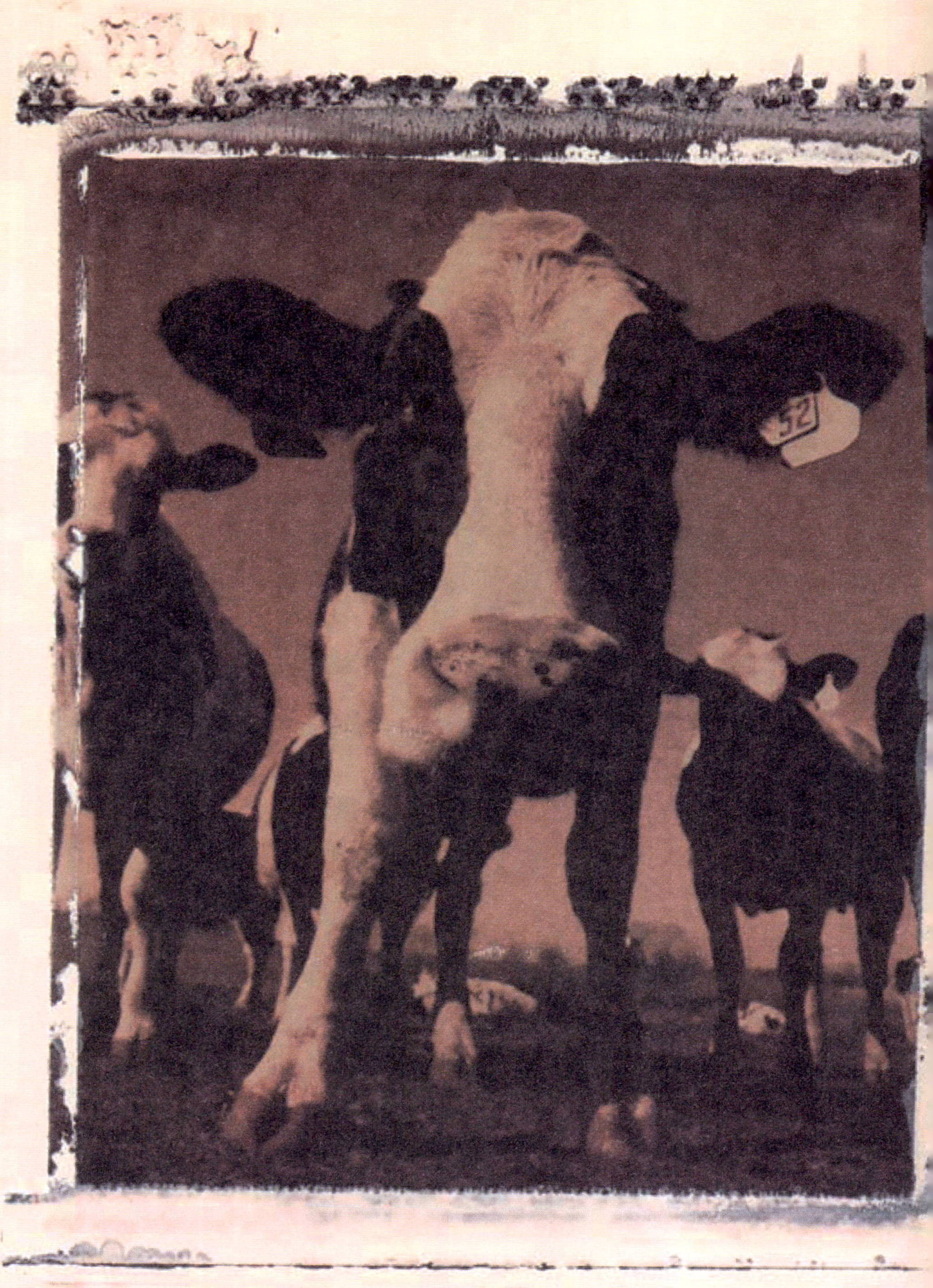
52

在贺曼贺卡公司层级结构的上游地带，有一个擅长控制的"利润王子"。虽说我怀疑控制只不过是他职责的一部分内容，但却经常表现得像是他一切激情的焦点。他的一双铁手不断提高着已经相当傲人的利润底线。再加上贺曼贺卡公司有一套极为慷慨的与员工分享利润的方案，我是他工作成果的受益者，我个人也完全理解他的所作所为。不过，我对他还是有一点小小的意见：他似乎不能理解创意这种东西。

不过，这是我的问题，跟他没关系，所以，我冒出了一个幻想，试图解决我的这个问题。请允许我和你分享它：

在脑海里幻想一片早春的牧场，无边的绿色连绵起伏。一道弯弯曲曲的栅栏里，散落着一群黑白相间的荷斯坦奶牛。阳光灿烂，一些奶牛跑到地里不多的几棵大树下乘凉。剩下的奶牛则悠闲地围着一口波光粼粼的大池塘晃悠。它们大多数静静地吃着草。也有一头奶牛在反刍，仔细地咀嚼。

弯弯曲曲的栅栏外面，站着一位矮胖的绅士，身着蓝色细条纹的高档西服，这衣服要卖足足 700 美元呢。他尽力斜靠着栅栏。一只手护着没扣纽扣的外衣，按着他的大肚子，免得上好的布料蹭到栅栏上的脏东西。另一只手则朝奶牛们严厉地伸出了一根指头。他喊道：

"你们这些懒鬼，赶快去干活，要不我就宰了你们！"

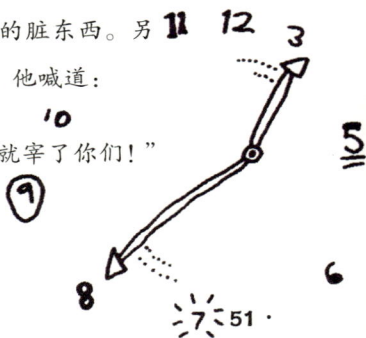

这人不明白，奶牛们其实正在完成把草变成牛奶的奇迹。他喊得再大声，也不会叫奶牛们产出更多的牛奶。

如果我们画一条线来代表创意的发生……

唯一能反映成可衡量生产力的部分，其实只是线段末端短短的一段：

可衡量的创意证据

这条短短的线段，就相当于奶牛在牲口棚里挤奶机的时间。此时，生产力是有形的，可衡量的。但这件事之前更长的部分，也即实际创造牛奶的那一段时间，是无形的。

无形的创意活动

这个无形的部分，相当于奶牛花在牧场上的时间，它们表面上看是在闲逛，其实却是在把吃进肚子里的草变成牛奶。

痴迷于生产力的管理层一般没耐心给员工一段安静的时间，哪怕这段时间对酝酿创意来说至关重要。他们的终极梦想就是把奶牛一天 24 小时都放在挤奶机上。他们疯了？可全国各地的职场都是这样：企业挤奶机把工人们由内到外压榨得干干净净。

欢迎光临

"如果我们努力工作、延长工作时间、把自己累死就能获得成功。"大毛球。

一方面，托马斯·爱迪生说过……

"天才是 10% 的灵感加 90% 的汗水。"

……另一方面，太多的企业似乎都把自己锁在"100% 的汗水、毫无灵感"的困顿现实里，一天天地走向毁灭。

更健康的替代做法，是走上信任的轨道，为创意的产生腾出时间，放弃直接的、切实的生产效率证据。

第 8 章 我卡住了

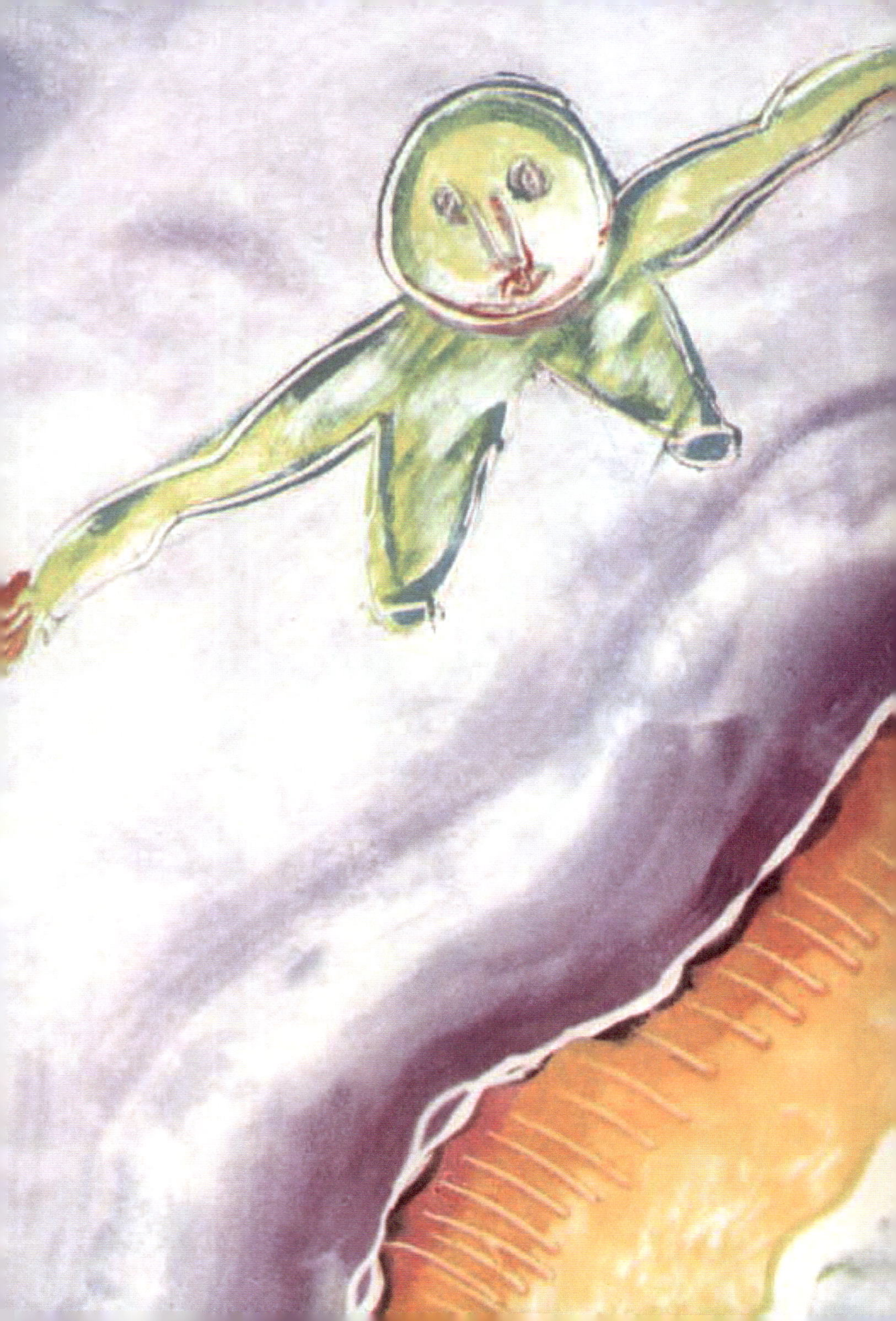

加利福尼亚圣迭戈拉霍亚黑海滩高高耸立的悬崖，是滑翔伞爱好者们最中意的试飞点。

我刚刚在当地的喜来登大托尔松酒店（Sheraton Grande Torre Pines）为美国天然气协会做完一场演讲。这下，整个下午我都有空了，我穿着泳裤和T恤，拖着一双破烂的运动鞋，散步去了悬崖边，看那些想要变成飞鸟、一跃飞过太平洋的冒险家们在那儿尝试。那场面真叫人敬畏。

至少够你敬畏两三分钟。

虽说这些优美的滑翔机很迷人，但眯着眼睛使劲瞅着加州万里无云的晴朗蓝天，我很快就累了，兴趣也不怎么大了。我又冒出了一个新的念头，想去浪里游个泳。

我朝着悬崖边走去，想找条小路下海滩，但一串告示牌拦住了我的去路。这串告示牌离地两米来高，牌子顶上钻着孔，用一条钢链子松松垮垮地连着。每块牌子上都写着大字，说明在这里立下关卡的重要目的：

我顿时起了好奇心，想看看悬崖到底有多危险。于是我从告示牌之间垂下的铁链最低的地方跨了过去，走到悬崖边上去看了看。沙滩在我脚下 60 多米的地方。那儿有一小群人在嬉戏玩耍，他们传来的微弱笑声，似乎在邀请我加入。

"他们都能下去，"我想，"我应该也可以。"

我扫视着悬崖正面。貌似可以安全地走下去。大概是因为几分钟前刚刚看了大胆的滑翔机表演，冒险意识怂恿我往悬崖下走去。

构成悬崖的物质挺有趣的。我猜，那应该是太阳晒干了的沙子和黏土的混合物，表面上看着挺结实，其实不然。我的体重压在一块看似稳当的沙面上，一下就把它压垮了。

我更加兴奋了。

爬到视平线以下的悬崖，一种轻松的感觉冒了出来。我幻想着，那些没胆子冒险的人，看见标志牌上的警告就退了回去，肯定正不太赞成地瞪着我呢。下山过程一开始挺顺利，我从一块摇摇欲坠的立足点蹦到另一块上，越发沾沾自喜：我没上那些告示牌的当，谁知道那是哪儿来的权威立下的禁令？

往下攀了 10 来米之后，我来到一处垂直的崖面，就算委婉一点地说，我也得控制好身体，往下翻滚 10 多米，才能抵达宽阔的平台。我毫不怀疑下面的平台能接住我。但毫无疑问，要是我真的那么做了，也绝没可能自己爬上来。显然，这是一条不归路。

我选择了往下滑。

真叫人兴奋。小平台果然接住了我,我又赢得了一次小小的胜利。

向下的路变得容易起来,但随着我一步步走到悬崖下,可供选择的路线也越来越少。最后,我选择的路线把我带到了一处长长的 V 形深沟,角度很陡地对着海滩。这个时候,我猜下面还有 20 来米高。面对大海,我走进了深沟,慢慢往前倾着身子,向下挪到了陡坡的边缘。就算我用尽全力倾出身体,再多一点我就会失去平衡跌下海滩了,我也没法看到下面的陡坡有多长。

怎么办呢?我坐了一会儿,然后决定试试运气。我慢慢地朝着陡坡翻过去。停下来。再想想。我又摇摇晃晃回到了深沟相对安全的地方。

我继续坐着。我的意识开始停转了。我听到了之前完全没听到的海风,轻声在耳边诉说着我的孤独。我手脚大大地张开,躺在悬崖上,充满渴望地凝视着悬崖下面沙滩上正闲聊的人们。我这才注意到,他们都光着身子,我后来才知道黑海滩是裸体爱好者们聚集的地方。笑声传了上来。时光飞逝,我渐渐安下心来。

我想,我是在等人发现我。

浪头打不到的干沙滩上,有三名男子闲逛着。其中一人碰巧抬起头来,看到了我怪异的位置。我们不太确定地互相打量着。海滩上的其他人也注意到了我的存在,好奇地抬起头来。一小群人聚了起来:伸长脖子,眯着眼睛,把手搭在额头前面遮着光,使劲瞅过来。我克制住了朝裸体人群比画不雅手势的冲动。那会是个叫人抓狂的信号。

发现我的那人朝我喊了一声。我听不见。他谨慎地爬上了悬崖，站在安全范围内最靠前的地方。这一回，我总算听清了。

"你是从滑翔机上掉下来的吗？"

（这是我为什么会出现在那儿唯一说得过去的理由。）

"不是。"

"你受伤了吗？"

"没有。"

"那你在那儿干吗呀？"

"我被困在这儿了。"

（我简直窘得话都快说不出来了。）

"别动。别动。我去找人帮忙。"

他下撤回沙滩，跑开了。好在围观的人群很快就对我失去了兴趣，散开了，这叫我宽心不少。我躺在这个因为自己愚蠢惹来的境地中，思考着事情的后续发展。一想到有可能被编排进电视剧《海滩救护队》（Rescue 911）的段子里，我不禁打了个冷战。我暗暗祈祷，希望这一天发生了一大堆值得报道的国内国际重大事件，新闻没工夫搭理我这件小事情。

发现我的人回来了。

"他们20分钟之内就赶到。"他喊道，给我鼓着气。

我向他道了谢，他回海滩去找伙伴了。20分钟过去了，我看了看手表。

"等太久了吧。"我想。我左腿的肌肉已经因为疲劳颤抖起来。

"我没法支持那么久了。趁着他们还没来，我干脆自己翻过悬崖好了。"现在我已经接近第二波恐慌边缘了。

天然气协会的人给了我一台闹钟作为会议纪念品。它用紫檀木制成，以黄铜包边，钟面上还有罗马数字，挺有品位的。钟面下还有一块黄铜铭牌，写着"美国天然气协会"字样。我现在挺想它的。我记得我随随便便把它扔在了酒店房间的床上。我房间挂着窗帘，开着空调，特别安全。我简直羡慕起了那台小闹钟。一闭上眼睛，我就想起了它，想起了它的罗马数字。罗马数字显得是那么恒久不变。我想象着秒针无声地划过罗马数字……转了一圈又一圈又一圈又一圈又一圈……

我猛地睁开眼睛，但天色太亮，我不由得眯缝了一下。一架直升机顺着海岸线从南边飞了过来。我看了看表。40分钟！我居然在想象中的宁静避难所里躲了40分钟。这下，闹钟的幻想被推到了一边，我既有些宽慰，又有些焦虑。宽慰的是，我就要得救啦；焦虑的是，我被管理局逮了个正着，我对管理权威一贯心存恐惧。总之，直升机的到来，让人喜忧参半。

怎么回事？直升机直勾勾地飞走了。它完全没看到我。

"可恶！"

下面的沙滩上，来救我的那位忠实的朋友看到直升机的身影顺着海岸线越变越小。他从岸边找了根木棍，在潮汐起起伏伏冲刷得很光滑的沙面上大大地写了几个字：

并画了个箭头指向我。

此时的直升机成了远处的一个小点。终于，它越变越大了。它会再次错过我吗？没有。沙面上的记号起了作用。直升机停在它上面，正对着我。白色的机身上刷着大大的蓝色字样：

警察

由于驾驶舱有色玻璃的遮挡，完全看不见机舱里的飞行人员，我给直升机赋予了个性色彩。眼下，它成了终极权威人物，让我想起了小学校长：苛刻，险恶，深不可测。从情绪上看，我彻底退化成了 6 岁的小朋友。

机器朝我驶来。他们要把我从困境中救出来？才不是。螺旋桨猛烈旋转，卷得尘土和沙子离地而起，叫人睁不开眼睛。机器稍稍退后，在半空盘旋了一阵，看着我，然后飞走了。其后的寂静叫人感到宽慰，随即又带来一种孤立和无助的麻木感。我只能等待了。这一回倒没等多久。直升机飞走之后 5 分钟，一辆特大

号的卡车载着救援装备驶入海滩，在我正下方停了下来。4 名救生员鱼贯而出，面色严肃，充满活力。他们调查、讨论、评估并决定。一人爬到半空对我说：

"我们必须从上面下来。"

"好吧。"

（这是不是表示我同意了？）

10 分钟后，沙子和黏土如瀑布一般倾泻在我周围。站在我的位置，是没法朝上看的。但静静的嘟哝声和人使用攀登齿轮的声音告诉我，我马上就要跟救生员会合了。当然了，他肯定会训斥我的。

"嗨，我叫布鲁斯。"上面传来的声音很友好，令我颇感意外。"你叫什么名字？"

"戈登。"我回答。

"嗯，戈登，我希望你静静地坐下来，不要动。我会从你的头顶降下来，所以，你千万不能动。"

"我明白了。"

头顶传来布鲁斯就位的声音，接着又是一阵嘟哝声，以及他踢动悬崖石块的哗哗声。说时迟，那时快！他的身子出现在我眼前，遮住了阳光。他结实的登山靴牢牢地踩在我脚的两侧。他被汗水湿透的游泳衣上挂着绳子和锁具，一眼就让人产生了信赖感。两条绳子，一条紧绷的，一条松垮的，从悬崖顶上牢固的支点垂下来。

"我找到他了，他看起来没问题。"布鲁斯对着右肩膀固定的小型无线对讲机说。

"你没问题吧？"他盯着我的眼睛。他宽慰而友好的微笑，让我松了一口气。

"是的。谢谢你。"

布鲁斯一边向我解释每一个动作，一边帮我站了起来，因为我的腿累得暂时没法合作了。他把安全带围在我腰上，并绕过我的胯下，然后让我面朝着悬崖。

"戈登，你以前玩过速降吗？"

"没。"

"好，我会给你来一堂速降的快速培训课。"

其实并非如此。布鲁斯真是个好心人，他撒这个小谎，是想帮我挽回些面子。这不是速降，事实上，他们是要用安全索把我降下去。总之，布鲁斯告诉我，下降过程中我该怎么做。跟头顶上的救援团队短短地开了一轮无线对讲会议之后，我们开始朝着之前我打算翻下去的悬崖边走去。幸好我没真的翻。那儿离下一个落脚点足有 6 米高，我肯定会摔断骨头的。

布鲁斯指导我垂下悬崖，还表扬了我的进展：

"你做得很好。把腿伸直，双脚自然分开，放松身体，远离悬崖。很好，你做的每个动作都很好。"

真是意外惊喜！突然之间，我觉得这个比我小 30 岁的救生员，就像一个细心照顾人的大哥哥。我的心情有所回升，从屈辱回到了享受冒险的喜悦。我幻想着自己是老练的登山者，正从一座高山上胜利凯旋。布鲁斯一定感觉到了我对他积极赞许的过度反应，因为他很快补充道：

"你比我在这个悬崖上救出来的大多数人都做得好。"

我的幻想瞬间蒸发。

降到海滩的地面上，援救活动彻底结束了。三个等在那儿的救生员帮我卸掉了救援装备。我开始向他们表示感谢，并为我给他们招惹的麻烦道歉。

"去跟他说吧。"布鲁斯指着卡车轮子后面一个穿制服的男人说。我走到卡车边上，见过了圣迭戈救生队的中尉，那一刻，他的脾气可不怎么好。他记下了我的姓名和住址，我再次道上歉意。因为不想让警方传讯我，我开始赞美救援队的专业技能。

"算了，"他说，"谢天谢地我们总算把你好好地救下来了。我真心希望你下一回能从安全的地方下来，顺便说一下，你该走的路就在那边。"

他朝自己右边指了指。我再次谢过他，朝着浪头走过去，随即又改变了主意。下午碰上这么一件事，已经打消了我游泳的念头。我很疲惫，身心俱疲，一心只想回房间躲起来。我转过身，对着悬崖。就在救生卡车的右边，离我困住的地方不到 100 米的悬崖边上，挂着一条弯弯曲曲的铁楼梯。

回到酒店，我泡在热腾腾的澡盆里，想到自己居然蠢到有过要从悬崖顶上直翻下去的念头，忍不住摇头感叹。我居然宁肯冒险受重伤，也不愿陌生人晓得我干了傻事。我打算用一件大蠢行掩盖另一件蠢行。不少人就是因为选择了如此毁灭性的策略，跌下悬崖摔死的。搞出了麻烦就承认它，比越陷越深要明智得多。

我意识到，其实我们所有人都曾在生活里多次陷入僵局，但是"我困住了"这句话却很难说出口。承认现实是需要一定勇气的。

我琢磨着该怎样形容自己碰到的这次救援经历。真的，大大出乎我的意料。我只能希望，下一次再因为自己不可救药的愚蠢而陷入死胡同的时候，我会有勇气叫人来帮忙。

啊！勇气，勇气，勇气。跨越边界的勇气。承认白痴的勇气。承认僵局的勇气。放手让别人援助的勇气。跨越权威们定下的好坏参半的界限，并且成功地面对这种尝试造成的后果，我们需要很多的勇气。而如果我们想要成长，我们就必须去跨越雷池。

第 9 章 摸索研讨班

THE EVOLUTION OF MAN'S HEART AND HIS SOUL
he was always amazed and had TIME just to gaze
and he moved like the wind
his soul shone like gold and could NEVER be sold
his arms tumbled down
In the very beginning, if you Think way back

d his gaze down
of his day
ke sure that his
dnt float off and play.

he emptied his thoughts.

The door was ajar
but not very far

Sometimes his heart would cry out quite loud

and
every so often
a tear would
go flop

held his feet in some shoes

90°

2   3   7   6   5   4   3   2   1

DO NOT BEND

24100 12843

laughed at
him as he
sung to the
trees.

And so he
promised
himself
never again
would he
go to
the trees.

But still
they laughed
on

most
everything
he did

he thought
himself
must be
more like
them

he watched
he thought
he
to think
or to Not

talk like i walk
talk like i TALK
or fiddle
work hard
not be late
or sigh
don't cry
aren't smack
the eye
and up straight
or to this

❧

我还在贺曼贺卡公司的时候，有一天，人事部的佩吉·查蓬特打来电话：

"嗨，戈登。我是佩吉。"

"嗨，佩吉。什么事儿？"

"我不是来诉苦的，真的。你知道的，攀比的脚踏车越转越快。不过没关系，我活下来了。你怎么样？"

"还行。"

"你没干得太辛苦吧？我还挺担心你的。你该放慢些脚步。"

"谢谢。这一次是有什么事情呢？"

"是这样的，你对我们办的企业培训课程熟悉吗？就是'管理、概念和实践'那个？"

"呃，呃。"

"其实它就是五个系列专题讨论会，我们贺曼贺卡的员工晋升到主管阶层时，都要参加的。"

"从来没有听说过。"

"呃，大概是你最初升主管的时候，他们还没办这个班吧。你升职可能是很久以前了。"

（戒备地大笑）"是啊，兴许你说得对。"

"反正，它就是关于管理各方面情况的系列研讨会啦。我想到一个好主意，请你在讨论会结束的时候，来做一次创新性的讲座，概述课程的内容，真正有创新的东西，

他们能真正记得住的东西。我们可以叫它'创造型管理者'一类的名字。"

"你是想要我在原先研讨班的基础上再增加一个讲座?"

"我想这样的补充会很棒。就类似于你最近一直在做的事情。"

"你还要把它叫作'创造型管理者'?"

"类似的名字嘛,没错。"

"其他的研讨班是讲什么内容的?"

"其中之一是关于绩效考核与薪酬管理的,一个是关于执行有效会议的,另一个是关于业务计划和企业愿景的。呃……还有一个是……"

"这样好了,你把所有研讨班的资料都发给我看看吧。"

第二天,公司内部邮局给我发来了一个厚厚的信封。是佩吉给我发来的。那是整个研讨班的概述,非常简明,非常理性,非常概括。完全是那种我一直想要敬而远之的东西。

我翻了翻资料,什么也没记住。沉闷的东西。都是些必要的东西,但枯燥、乏味、无聊,就跟我在贺曼贺卡参加过的许多研讨班一模一样,我敢保证,大部分的企业都有这类东西。它们全都做出了同样的承诺:

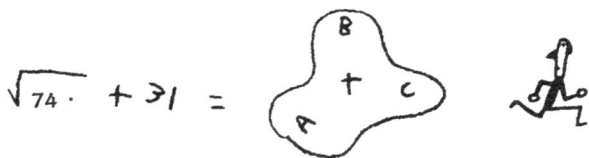

$\sqrt{74} \cdot + 31 =$

"遵照以下方案的步骤和解决办法，你工作中的问题就能迎刃而解。"

这是个靠不住的承诺。

如果我记得不错，对我来说，更多的经历是，一上完充斥着"步骤一，步骤二，步骤三，哇！顺利解决！"教条的研讨班，回到研讨班外面的世界，却发现问题排成了长龙。我总是会郁闷地想到：

"这到底是怎么一回事？"

于是我冒出了一个主意。

我给佩吉打了电话。头两次打到了她的语音信箱，第三回终于找到了她。

"佩吉，我收到你发来的研讨班资料了。内容很闷啊。"

"听着，戈登。"

"我不能答应你的邀请。"

"这次研讨班吗？"

"就是给其他研讨班的内容来个创新性概括。也就是你说的'创造型管理者'那档子事儿。我做不了。"

"可是……"

"别急。但我确实想办个研讨班，只不过，我不想叫它什么'创造型管理者'，我想叫它'摸索'。而且，它的内容不会是什么10个简单步骤解决所有管理问题一类的。因为这是其他那些研讨班的内容，对吧？"

"哦，戈登……这个嘛……"

"等一下，佩吉，听我把话说完，拜托了。我觉得，管理者的世界不是非黑即白的。它是一个充满了不确定性和两难选择的世界。这种事情会把所有新手折磨得痛苦呻吟，'这到底是怎么回事呀？'所以呢，我想要是我们能让你的新管理者们在真实世界里碰壁受挫之前，先在研讨班这个安全的环境下对诸如此类的经历有个了解，一定很有帮助。就算没有其他用处，它也能很好地平衡一下其他那些承诺包治百病的课程，免得新人们产生不切实际的期待，等期待落空之后又陷入幻灭和玩世不恭的情绪。

"所以呢，我建议办一个叫'摸索'的研讨班。让他们经历三个小时非理性的体验，等他们离开的时候满脑子在琢磨，'这到底讲的是什么呀？'

"说到底，摸索和琢磨到底是怎么回事，这也是管理上的重要环节，对吧？"

电话那端传来一阵长久的沉默。最后终于出了声：

"一次。"

"什么意思？"

"你可以办一次这样的研讨班，但只准办一次。"

就这样，我们的"摸索"研讨班办起来了。摸索的主题没有结构化的议事日程。此外，面对这个有意安排得没有结构的日

程，参与者们挺想让它成功的，这就造成了相当大的困惑情绪。不过，等宝贵的经验越发明显地从我们有意制造的混乱里产生出来之后，喜悦取代了焦虑。整整三个小时，参与者们先失去平衡，再恢复平衡，又失去平衡，再恢复平衡，在超乎理性的异想天开里扑腾打滚，品尝到了摸索未知带来的狂喜。时间飞逝而过。到了曲终人散的时候，果然好多人自言自语地说："这到底是怎么回事？"

这一回事，就叫作非线性。

保罗·戴维斯（Paul Davies）和约翰·格里宾（John Gribbin）在《物质迷思》（*The Matter Myth*）一书中写道：

"简单地说，在物理学中，线性系统就是整体恰好等于部分之和的系统，不多，也不少。在这样的系统里，原因之集合产生了相应的结果之集合……科学上的'分析'概念，就建立在这个线性特点上，即理解一个复杂系统的各个部分，就意味着理解整体。然而，线性方法在过去 300 年里取得的成功，掩盖了这样一个事实：真正的系统，在某种程度上总是非线性的。非线性占上风的时候，靠分析来处理问题便不再可能，因为现在整体大于部分之和了。非线性系统可以表现出诸多的复杂行为，做出意想不到的事情。也就是说，它们可以走向混沌。没有非线性，就没有混沌，因为多样性的行为模式没有了存在的余地，故此自然内在的非确定性也就无从发挥。"

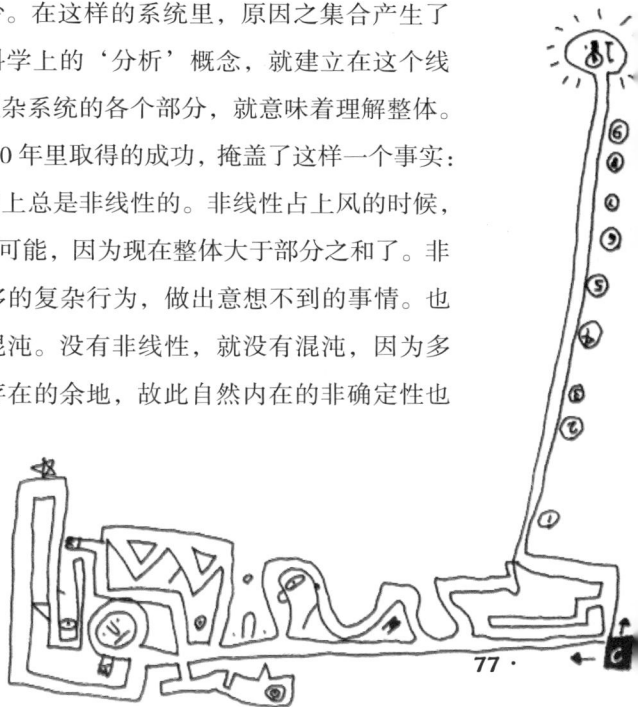

在"摸索"研讨班里，我们离开了企业文化里惯常的分析性、明确性、合理性、具体性、目标导向性、"整体等于部分之和（不多也不少）的线性现实"，短暂地体验到了另一种现实，即发散性、无意识性、趣味性、全局性、"整体大于部分之和"的非线性现实。整体较之"部分之和"所多出来的部分，就是创造性能量。它引发了研讨班与会者，也就是企业线性集合里的居民们的思考：

"这到底是怎么一回事？"

啊！成功了！

几天后，佩吉给我打来电话。

"戈登，人们对你的摸索研讨班评价很不错。你愿意再办一次吗？"

"当然。"

得到不错的评价，我一方面松了口气，一方面也有点小失望。因为我一直希望自己离经叛道的所作所为能得到认同，"摸索"研讨班就属于此类。与此同时，等我真的获得了认同，我也总会感到失望。

我们安排了下一次"摸索"研讨班的开班时间。我把它记在了日历上，却直到开班的前一天才想起来看。这天结束时，我把第一次研讨班上收集到的书面资料整理好，准备第二天上午用。

第二次的"摸索"倒也不完全算是哑弹，但毫无疑问没有第一次那么有冲劲。但我没怎么在意，因为当时我的工作表上还有好多其他的事儿呢。

一两个月后，佩吉又打来电话。该再来一次"摸索"研讨班了。好的，我把它记在日历上。在约好日子的前一天，我再一次打开文件柜，把我的资料拿出来。这时，我终于想起：

"且慢！这不是摸索。这是……套路了。"

在第一次"摸索"研讨班上，因为愿意没有结构地乱来，不注重结果，我们从混乱中挤压出了创造性能量，发现了"潜在行为模式的多样化"。接着，由于这种创造性能量带来的狂喜令我太过着迷，我从这次的经历中找出了关键元素，提炼出了一种套路。我把这个套路，也就是我的"摸索"资料用在了第二次研讨班中，这样一来，它有了结构，成了线性的公式，不再是灵活的非线性尝试。我办的研讨班不再是"摸索"，而成了生搬硬套。

生搬硬套跟创造性不搭界。

第二天早上，我把自己的发现告诉新一轮研讨班的参加者们。在他们热情的支持下，我把笔记扔进了废纸篓。生搬硬套消失了，摸索回来了，原来的慌张和能量也回来了。放弃惯例让我们得到了之前失去的东西。在第二次研讨班上，当我无意中从摸索变成了生搬硬套的时候，我打开了一道门，让"组织之熵"溜了进来。我从字典里查了熵的定义。它写道：

Entropy：熵，物质和能量退化成一种惰性的单调最终状态。

哇噢！这简直也可以当作官僚主义的定义嘛！

企业的历史都是这样的：一开始是天真的摸索状态，不巧居然跌跌撞撞地成功了，而后成功里掺进了报复，生成了自大地偏离最初成功源头"摸索"的制度。

倘若一家组织不愿选择"惰性的单调最终状态"，而是选择了活力，它就必须同时尊重和支持两样东西：对成功的合理利用，以及对摸索这一非理性艺术的合理利用。

生搬硬套是毛球　　　摸索是轨道飞行

第 10 章　容器，一堵看不见的墙

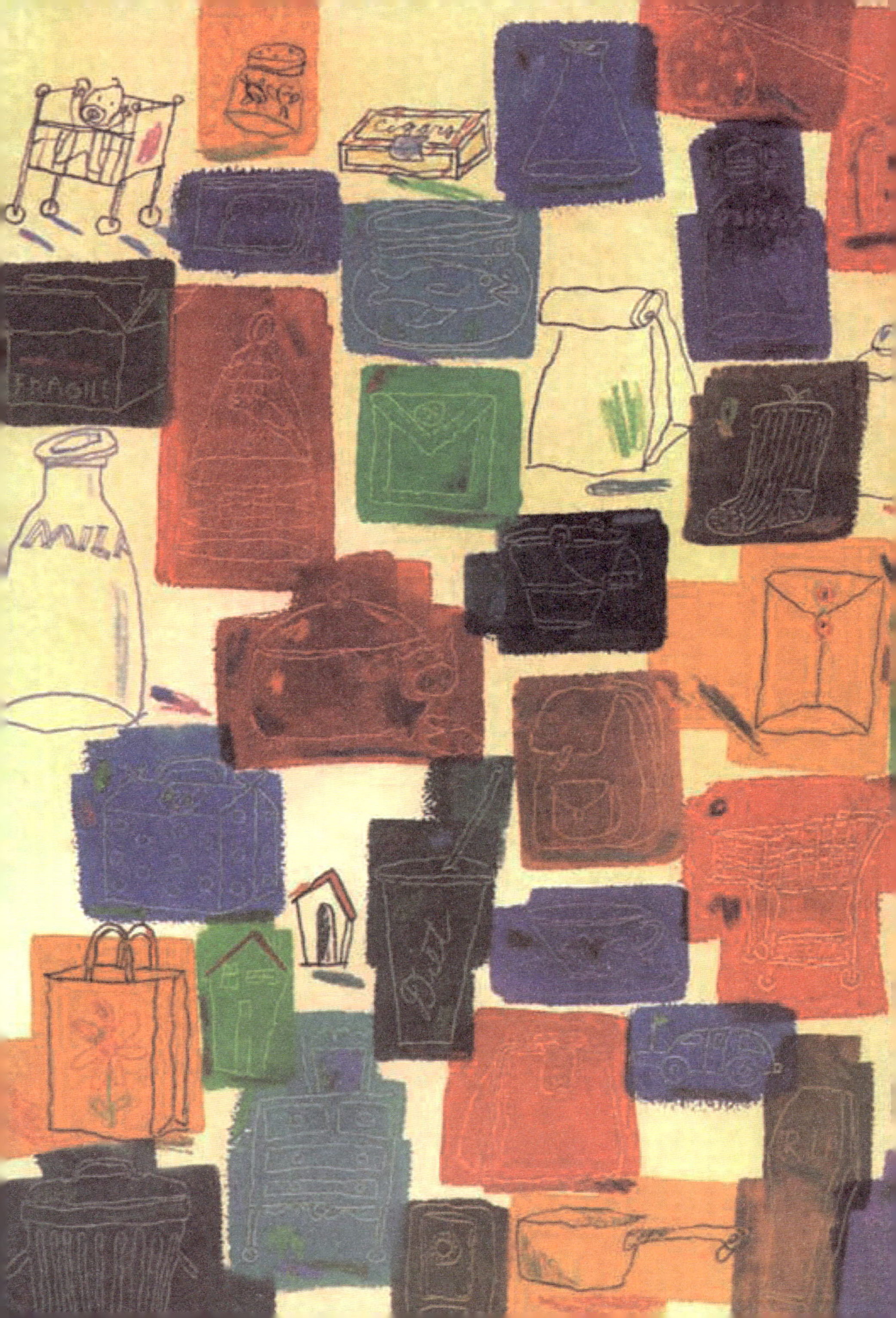
FRAGILE

罐子，箱子，水桶，瓶子。它们有一个共同点：都是容器。

不妨稍微想象一下从前没有人造容器时候的景象。

假设有一家史前人，住在山洞里。洞穴外面，就有一条小溪。洞穴家族的任何一个成员，要是口渴的话，只需走上几步路，从洞里走到小溪那儿，双膝跪地，用手撑着身体，埋下头去喝水。这很方便，当然也很危险。有水的地方总是很危险，因为附近就藏着食肉动物等着捕猎呢。而一个埋着头喝水的人类，正好是很容易得手的猎物。

一天早晨，太阳初升，这个古老家庭的女家长从沉睡中醒了过来。她口渴了，于是慢慢站起身，伸着懒腰，不怎么愉快地抱怨着，走到小溪边打算喝水。她刚要走出洞口，一声沙哑的咆哮打破了清晨的寂静。恐惧令她缩回了山洞，因为洞口燃着一小堆火，是很安全的。她等啊，等啊。

最终，她越来越口渴，也顾不得害怕了。她再一次探出洞口，小心扫视着充满危险而又风光无限的山地。她无声地挪到了小溪边上，弯下腰。就在她弯腰喝水时，她看到了自己在水里摇摆不定的倒影，想起不久之前，自己的妹妹就是在这样弯腰喝水时被野兽吃掉的。女家长赶紧挺直身子，可在一股无声冲动的驱使下，她把手伸进小溪缓缓的水流中。她掌心向上，手指微曲，每一根手指都紧紧地挨在一起，她把双手合在了一起！看哪！她把水捧到嘴边，同时警惕地注视着周遭可能出现什么危险。

口渴的欲望缓解了，她回到洞穴，坐下来回想自己刚刚是怎么做的。她琢磨着自己的双手，把它蜷成水杯的样子，又伸直开来。她一遍又一遍地来回做着这个动作。接着：

"大突破呀！我刚刚发明了容器！"

她凝视着合在一起的双手，心里有了安排：

"我要去取些黏土，做成这种手的形状，然后用火把它们烤硬，再用我的黏土手去装水，存在山洞里。这样的话，以后我们口渴的时候，就不用每回都拿命去冒险了。"

她的思维又进一步跳跃到：

"我还可以再做一个黏土手，用来装陶针和其他东西。"

这就是第一次创造人造容器的过程。发明者说它是大突破，一点儿也不错。事实证明，容器无所不在，成了人类最持久、使用最广泛的发明之一。事实上，它们的使用广泛得都有点过头了。今天，我们把所有的东西都装在容器里。连人也装在里面。连我们自己也装在里面。

想象一下：你刚刚被你梦寐以求的公司聘用了。这是你第一天上班。你蹦蹦跳跳地进来，非常兴奋地想为公司做出宝贵的独特贡献。你正准备放开手脚，大干一番……

嘭！

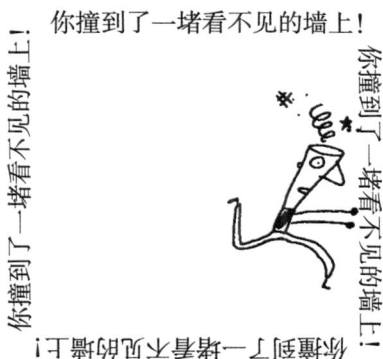

你被限制住了。你被装在了一个叫作"职位描述"的盒子里。"职位描述"的本意是让你负起责任、干实事，但更多的时候，它们的实际作用是把你限制起来。

有些人或许会抗议说：

> "稍等！我们需要职位描述。没有它们，大家会互相绊倒的。"

要是我们学会一起跳舞的话，就不会了。在舞池里，人们没有箱子装着，却也非常巧妙地避免了互相绊倒。如果我们想要在苛刻的未来实现飞跃，我们必须冒险离开容器变成的笼子，学会优雅地起舞，不踩着脚。

不踩着别人的脚。或者，不踩着自己的脚。

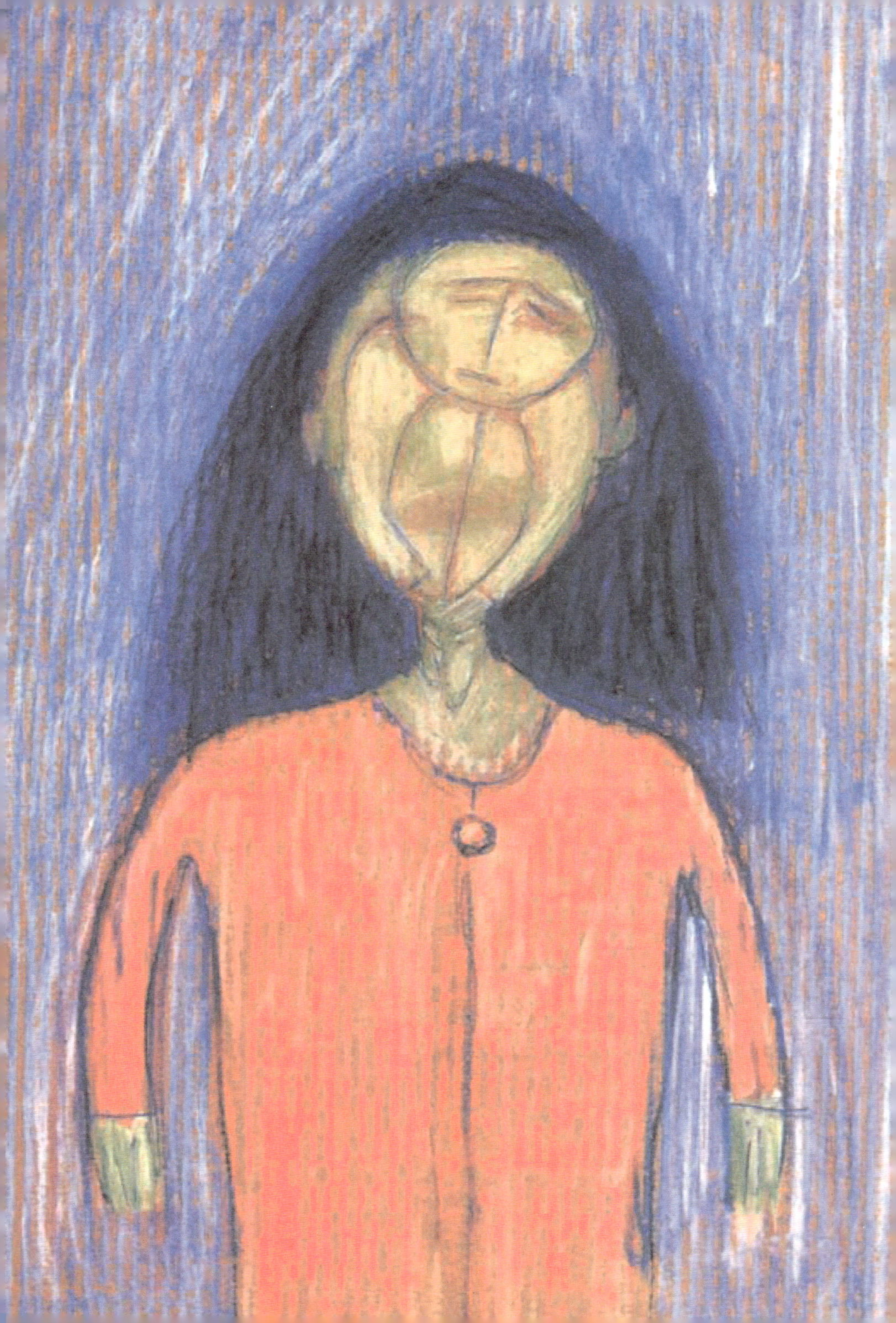

第 11 章 笼子里的居民

日期：1990 年 9 月 8 日

地点：周日漫画

加菲猫，像英雄兰博那样，昂首挺胸地来到宠物店，说自己是：

自由的斗士！

它冲进店里，打开宠物们的笼门，宣告：

你们自由了！你们自由了！

可猫们、狗们和鸟们非但没有为这突如其来的解放欢呼雀跃，反倒缩在打开了门的笼子里，似乎是被自由带来的未知变数吓坏了。

看到这种情况，加菲猫猜：嗯……看来这些家伙对自由没什么向往嘛。

加菲猫很会变通，它旋风般地回到宠物店，猛地关上了笼子门，大声欢呼：你们安全了！你们安全了！

重新被关起来的宠物们，似乎大大松了一口气。

同样的事情也发生在人类世界里。我们许多人偏好安全甚于自由，极端到宁肯把自己死死地限制在从前的生活经验里。我可能会屈从于对安全的渴望，选择生活在壁橱里。达到了最大限度的安全，却只有了最低限度的存在意义。

另一方面，如果我渴望着无拘无束的自由，渴望完完整整地活着，又会怎么样呢？我的白日梦大概会是这样：

"啊，自由！难以捉摸的自由！我到哪里可以找到你带来的激情呢？像鸟儿一样展翅飞翔，不再受地球的野蛮束缚。像鸟儿一样……像鸟儿一样……那么……我要去跳伞！"

我翻查黄页，打电话报了跳伞培训班。

一个美丽的星期天下午。我接受完地面训练，登上了小型塞斯纳 182 教练机，飞上了 1000 多米的高空，准备开始第一次试跳。和我一起的还有另外两名学员，以及跳伞教练和飞行员。

很快，我们就来到了跳伞的地方。

"开门了！"

在打开舱门之前，教练大声喊了一嗓子，声音震过了发动机的轰鸣。跳伞开始了，我惊讶地看着其他人轻松跃入了万里无云的天空。轮到我了，我用手脚撑在门口，风吹得我几乎无法呼吸。我低头看着遥远地面上修得整整齐齐的小农庄，开始有点迟疑了。我真的希望享受这么大的激情吗？教练打断了我的再次评估，他站在我身后，鼓励我跳出门，跳进无底的恐惧里。

我的心冲着我呼喊：

"你想要生活里有更多的自由，更多的激情！现在你就拥有了！去吧！"

跳的过程叫人难以置信。我突然有了活着的感觉……我不知道能活多久，但确实是实实在在的活着的感觉。

我的降落伞神奇地打开，我优雅地安全着陆了。太棒了！我内心里一直渴望新东西的那个部分立刻上了瘾。之后的 6 个月里，每个星期天我都会来再次兴奋一回。

现在是第七个月的头一个周末。我来到这儿，一天之内已经连续跳了三回，我以每小时 193 公里的速度，从 550 米的高空朝着地面自由落下。风呼呼地吹着我的跳伞装备。堪萨斯的地面风光朝着我越变越大，我突然想到：

"今天晚上吃点什么好呢？"

慢着！我的激情哪儿去啦？我第一次跳伞时拓展生命的那种激情到哪儿去啦？

什么东西都不能持久。

什么都不能。

我拒绝接受这样的损失。我想重新找回早前跳伞时感受到的陶醉。但怎么做呢？

一个小小的声音在我耳朵里响起来：

"松开降落伞。"

我太想找回之前的激情了，根本没好好地琢磨一下这个念头。我在风里挣扎着用双手解开了胸口的锁扣，钻出了安全带，把降落伞扔掉了。

果然奏效！兴奋感如火箭般蹿升。我身体的每一个分子都在尖叫：

"自由由由由由由由由由由由由由由由由！"

然后……

啪！

我没办法活着和大家分享我的经历了。

所以：不带降落伞从天空跳下，是自杀。

完全的自由，是自杀。

另一方面，藏在壁橱里，是植物般的生活。

完全的安全，是植物般的生活。

对我们每个人来说，介于植物般的生活和自杀两个极端之间，总有个地方是合适的。在我看来，哪个地方合适，你跟我是不同的。在我们人生的不同时期、不同部分，合适的地方也不一样。不过，总体而言，我的建议是，如果你想要活得更充实，你就得从安全的这一端，谨慎又小心地朝着自由的那一端挪动。

记得看这一边！

罕见的航班

出发地：迂回的依赖
目的地：巨大的胜利

不是那种雄性激素沸腾的掠夺式胜利，打垮某位弟兄或姐妹，成为今天的胜利者，好像明天的著名祈祷词。不是那种胜利，这里没有解救。不是那种胜利，而是找到自己神圣人性的胜利。做一个神圣的人，一个充满激情的骄傲的人，你必须敢于抛弃恐惧带来的对安全感的渴望，是它禁锢了你的灵魂。你必须大声说："再见了，依赖性！"并展开你的翅膀。勇敢地向圣洁的高处飞去，你知道，穿越最初的泥沼之后，你很快会得到再造：全身心地活在当下。

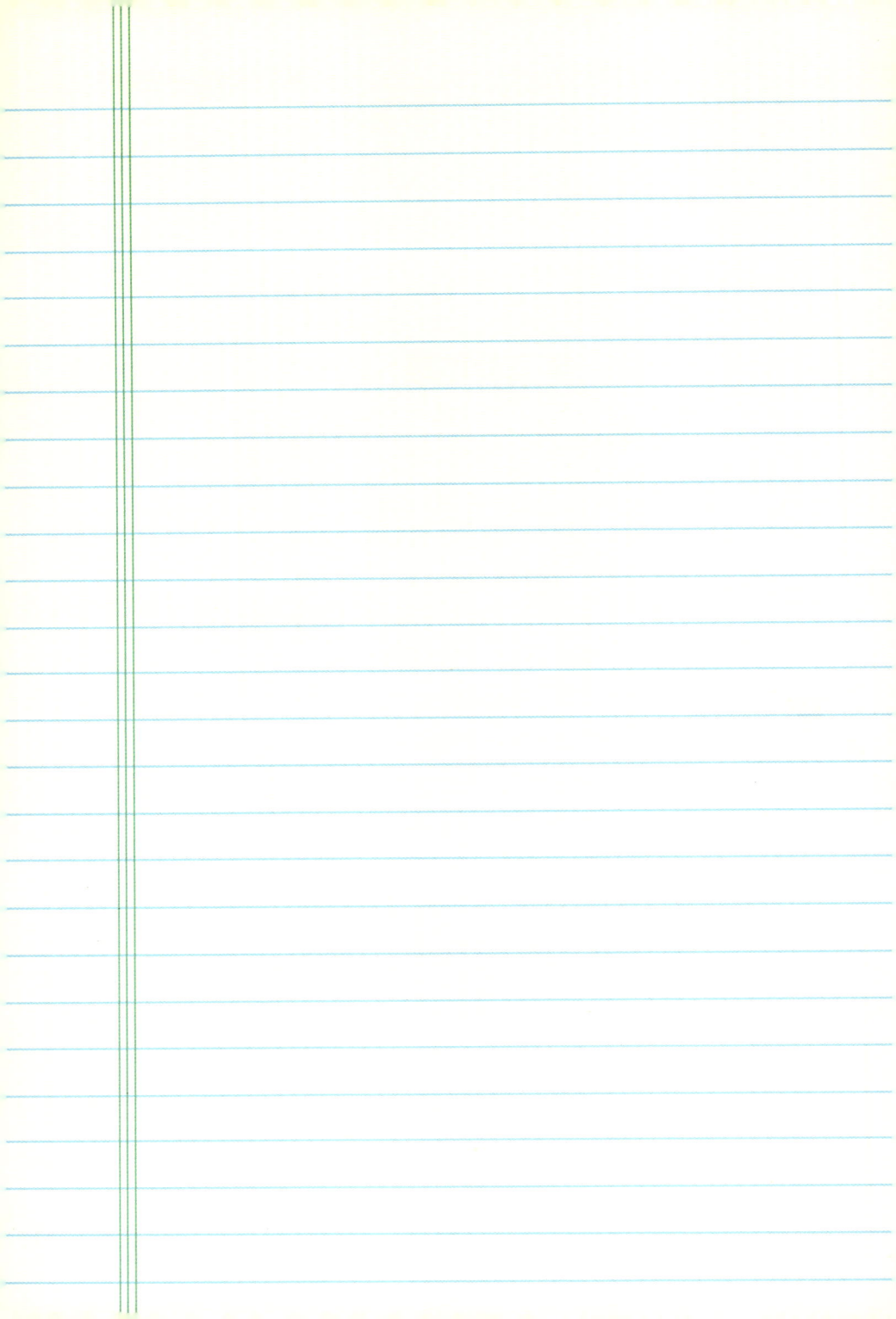

我是你的

左脑，

我妹妹是

你的

右脑。

嗨，我们是你的
脑部双子。

我们是连体双生子。
我们有一面是连在一
起的，不能分开。

这是我们的命
运，一辈子都
要在一起。

我们住在你
身体顶部的
小·小·骨头屋
子里，

也 就 是
你 的 头
骨 里 面。

请注意，我哥哥有
很多肚脐眼儿。从
前那儿连着好多脐
带。区分黑白的营
养都到他那儿去
了：演绎推理，具
体思考，理性分
析，所有这一类
的。妈妈的乳汁都
喂给我哥哥了。

哥哥清醒的时候，全
都在按他那些按钮。

根 据 我 按 按 钮 的 顺
序，我 可 以 得 出 非 常
确 定 的 答 案。

瞧，你知道的，当你对什么事很确定的时候，会乐于和别人分享。我哥哥很喜欢分享。只要听他的就好了。

（噼啪！噼啪！噼啪！）

不，我们不能那么做。太没有成本效率了。

（噼啪！噼啪！噼啪！）

嗯，那样做的话，我们可以接受。我们以前就那么做过，还蛮管用的。

（噼啪！噼啪！噼啪！）

呃，我们从来没做过那个。我们最好还是再考虑考虑。

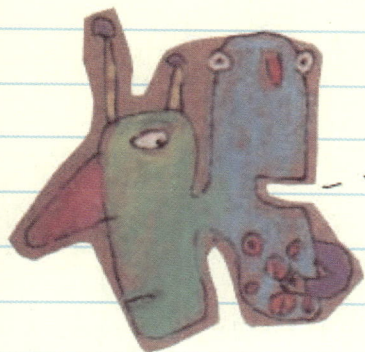

一个又一个又一个又一个的判断，全都基于过去的历史。

我妹妹没有肚脐。没有按钮。完全没有。从没有过。

但我有天线，通过它，我可以获取宇宙的智慧。

又来了……

在我们认同的现实外面，还有无限的事实等着进来。

切！

我们共同的知识里面，大部分，甚至全部都是从我们的意识圈之外来的。

鬼扯！

而新信息进入我们意识的一条主要通道，就是靠我的天线。

胡说！这些都是新编出来的废话！我恨死这一套了！

事实上，我哥哥总是生活在焦虑当中：我通过自己的天线接收一些重要信息，把它们大声地说出来，总会叫他感到尴尬。你瞧，他完全没办法处理没经过权威肯定、认证和接受的信息。

那么，为了保护你不受我这个疯疯癫癫的妹妹的纠缠，我只好伸出我的手，把她的嘴巴给捂上。很合逻辑吧？

唔！唔！

所以说，就连我们的头脑里，都住着毛球的守护神。好吧，我猜这是个必要的功能。但左脑为了在事情的既定秩序里有安全感，残暴地捂住妹妹的独创性，是多么可悲的事情啊。

要想更充分地开发我们整个意识的无尽潜力，我们必须把右脑无尽的天分释放出来。

我们该怎么做呢？

很多承诺能提高你创造力的书和研讨班都未能履行诺言，因为它们想通过理性手段来挪开左脑的审查之手。这一招不会起作用的。用理性的方法取消左脑对右脑的压抑，恰恰是与左脑的强项，也就是理性思维，对着干。在这场比赛中，你可打不过它。最终，要挪开它的审查之手，唯一有效的方式就是通过超理性思维。

理性的另一面，高于并超越理性的思维。

那么我们该怎样进行超越理性的独创思考呢？要靠着灵性直觉的翅膀，飞到理性的上面去！

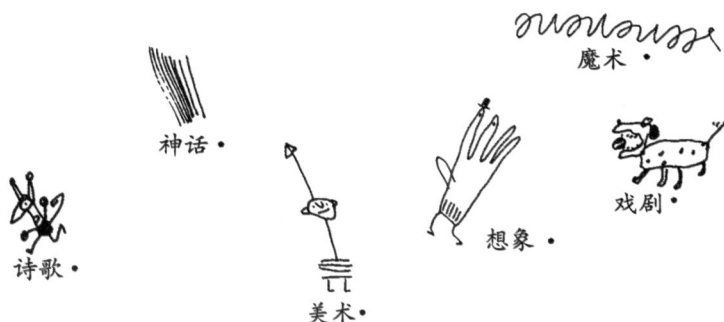

魔术·

神话·

诗歌·

美术·

想象·

戏剧·

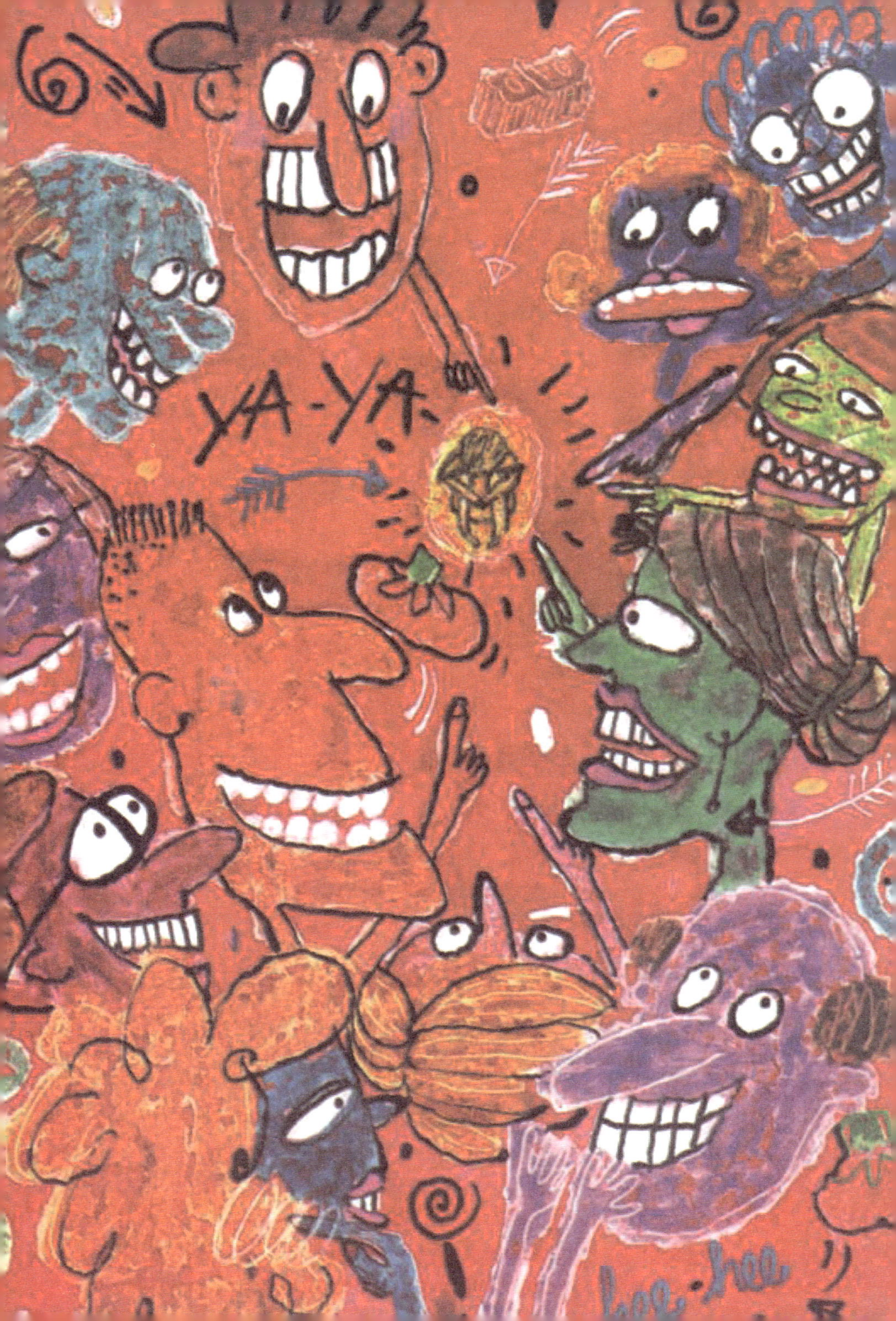
YA-YA-

第 13 章 揶揄的故事

贺曼贺卡关系信息系统的一位主管邀我去为他部门的员工开个创意研讨班。他在堪萨斯城中心贺曼贺卡总部隔壁的凯悦酒店订了个会议室。

那天上午，我 8∶30 就到了，比约好的时间提前了半小时，以便留出时间整理我的资料，为小组的到来做个准备。到了 9 点，差不多 25 个人来到房间。尽管我敢肯定他们不过是从广场对面的贺曼贺卡大楼里走出来的，但这群人个个看起来跟刚下了长途客车似的。他们死气沉沉地坐在了一米开外的一排座位上。

所有的男人都穿着深蓝色或者灰色细条纹西装，里面是白衬衣，打着保守的领带。大约 1/3 的女性穿着纯深蓝色的套装，白衬衫，打着这样那样的"产品管理"式领结。其余的人则身着高雅的定制职业套装。

放在 IBM 或者类似的企业，他们完全合适……只不过，他们全都带着傻里傻气的帽子，人人都不同。我印象尤深的是有一位女士带着一顶消防战士帽，帽子上还点缀着各种塑料水果和蔬菜。她看起来就像是香蕉女郎卡门·米兰达的魂灵转世，只是毫无活力。

整个小组的人都毫无活力。套装和傻气帽子的不协调，并没有产生预期的幽默感。相反，人们脸上挂着麻木的微笑，就像是企业操纵的提线木偶一样。我想：

"啊……原来这都是强颜欢笑啊。"

　　强颜欢笑，就是指被迫参加一些旨在逗乐的荒唐活动。不出意外，这类活动很少能达到他们预想的目的。结果是人人都觉得不舒服，可没人愿意承认。

　　我对这些强颜欢笑的可怜人有些同情，我说，如果愿意的话，不妨把帽子摘掉。他们立刻就摘了帽子，这证实了我的怀疑：他们深深地感到受了侵扰。一时间，我必须小心翼翼地不再对他们做出进一步的侵扰。在我们的第一轮活动里，这个觉悟帮了我很大的忙。

　　由于贺曼贺卡下辖生产克雷奥拉蜡笔的宾尼史密斯公司，使用各色蜡笔是我的特权之一。那天上午，我带了一口纸板箱，装了三四百支散开的蜡笔，我把它们全倒在地上，说：

　　　　"请各位自己选想要什么颜色吧。从这里拿一张纸，
　　　在房间的任何地方随便坐下，哪儿舒服就坐在哪儿。在纸
　　　上画些记号，说说你是什么样的人，管理信息系统是什么，
　　　贺曼贺卡公司是什么。"

　　"记号"这个词，我颇费了一番苦心才想出来。"画画"这个词会阻碍与之相关的预期表现。邀请人在纸上画些记号，显得不那么像是威胁。

　　人们手忙脚乱地选了蜡笔，之后就四散在房间里，专心手里的任务了，房间里的气氛挺沉闷的。我安静地坐着，好奇这些人

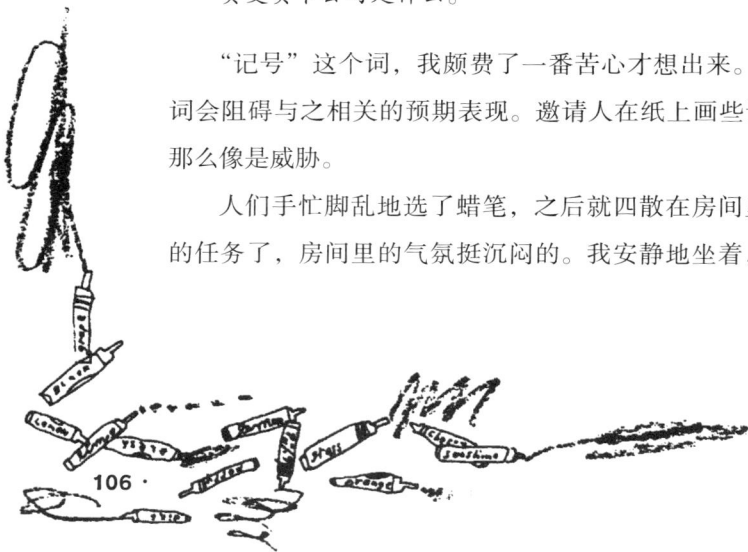

脑袋里正在想什么。一些人似乎全神贯注；另一些人却茫然若失。但愿没人觉得这次练习又是一轮需要无声忍受的愚蠢把戏。

过了一会儿，人们画完了，坐直身体，凝视着自己的手艺，或是走来走去，跟旁人小声地聊起天来。我问有没有人愿意跟小组里的其他成员分享一下自己画在纸上的东西。

所有人立刻进入了隐身模式。

所有的目光接触停止了。突然之间，小组里的每个人都埋着头看自己指甲上沾染的蜡笔痕迹。这是个很清楚的信息：

"不，我们才不想拿给别人看呢。"

要不是傻气帽子带给我的精神触动太大，我想，我大概会找个人哄他，叫他把画的东西拿给别人看。毕竟，没有冒险和分享，我们要如何才能探索创造力呢？

但要是我站在研讨班讲师的角度这么做，哄人就无异于胁迫。胁迫对创造性参与可是个巨大的威胁。

而一个没有创造性参与的研讨班，绝对不是什么创意研讨班，而是强制性的文化灌输。

所以，这次研讨班也绝不能哄人做事。我把它跳过去了：

"没有人想分享啊？那，我们继续进行下面的活动好了。"

但就在我开始介绍接下来的活动时，我碰巧注意到坐在房间后面的一位女性。她朝我使了一个眼色，似乎是在说：

"如果你给我一点儿鼓励,我愿意和小组分享我的画。"

我心领神会地接了茬:

"真的没有人愿意展示一下自己在刚才的练习里是怎么做的吗?"

那位女性没多说一个字,就从座椅上跳了起来,带着有些害羞的热切,径直走到了房间最前端的白板前。 白板上挂着一张大幅面的新闻纸,她愉快地想把自己原来的画放大画出来,我是这么猜的。可她才画了三四根线条,她的一位同事就开始取笑她的绘画水平了。其他人也迅速加入到这场揶揄当中。接下来是粗暴地嘲弄。她愉快地分享能量,立刻转变成了避免丢脸的防御能量。

她对自己的画做了一番词不达意的解释之后,耷拉着眼皮,快步缩回了自己的座位。

缩回了匿名群体带来的安全地带。

我很郁闷:

"怎么搞的? 这里刚刚出了什么情况? 我想谈谈这个问题。

"但首先,我想给你们简单地介绍一下我的个人背景。我曾经是个酒鬼。戒酒期间,我参加了各种不同的辅导小组,随着时间的推移,我对成瘾行为里潜伏的错综复杂因素有了一些了解。我认识到了非常宝贵的一点:在一个受上瘾毒害的环境里,任何家庭都躲不开羞辱扮演的重要角色。

"成瘾行为不光毁掉了上瘾者，还毁了他的家庭。为了从上瘾者的疯狂行为中存活下来，其他的家庭成员也发展出各式各样的神智迷乱。很快，上瘾诱发的疯狂就织成了一张杂乱的网，整个家族都被卷了进去。在疯狂的引诱下，每一个家庭成员都对其他家庭成员产生了狂热的控制欲。人人束手无策，没人能想出什么好的点子打破这张疯狂的网，转向更健康的行为。

"这种控制狂，是上瘾造成的，反过来又成了上瘾的保护神。控制的形式多种多样，其一就是羞辱。

"一天晚上，我们在辅导小组里讨论这事的时候，坐在我旁边的一个家伙说：'揶揄就是一种变相的羞辱。'

"醍醐灌顶啊！我心里一扇锁住很久的门突然打开了。

"打从我记事儿的时候开始，我就狂热地喜欢开别人的玩笑，戏弄别人。但我从没想过为什么。现在我知道了。我揶揄人是为了控制。为什么要控制？因为我很害怕。不知道出于什么原因，我对他人有一种根深蒂固的恐惧情绪。掌握揶揄的技巧，是应对这种恐惧心理的一条途径。我学得很好，终于，我用带刺的戏谑装甲把自己保护了起来，每当我感到受了威胁，我就用它来削弱对方的力量。我的揶揄成了一种意在推倒别人的武器，减少我在生活里体会到的威胁感。

·····YUK···YUK···YUK···YUK···YUK···YUK·····

"我有种不祥的预感，刚才你们揶揄着轰炸女同事，

HA···HA···HA···

反映出一种类似的策略。我怀疑，你们嘲笑她的时候，是无意识地想把她推倒，不让她去冒险。可要想开始，只有冒险这一条路。为什么你们要那么做呢？因为，要是我们之中的一个人找到了勇气，去冒成长之险，离开毛球现状，对其他人来说，这是个威胁。它威胁到了我们其他也期待成长的人。有时候，成长会是一场可怕而痛苦的经历。如果我们已经遭受了太多痛苦，或者已经被威胁整得麻痹了，我们就容易想方设法地避免痛苦或威胁，哪怕它们经常是伴随成长的经历出现的。所以我们就努力地去阻止那些表现出成长欲望和意愿的人，把他们拦在死循环里。阻止他们的方法之一，就是羞辱他们。但又因为我们不愿当着别人或自己的面承认这个目的，我们就用挪揄来掩饰羞辱：'一切不过是为了好玩嘛。'或'怎么了？你连个小小的玩笑都受不了吗？'接下来就是更多的羞辱。

HA···HA···HA···HA···HA···HA···HA···HA······➤➤➤➤➤➤➤

　　"如果我说错了，请各位原谅。但我认为，你们在嘲笑女同事绘画水平的时候，其实就是举着一块牌子，上面写着：

STOP 别冒险啦！

STOP 别成长啦！

STOP 别分享啦！

STOP 别生活啦！

'因为等你最终停止了生活，你对我也就不构成威胁了。'

"没有人活该被这些牌子砸。所以，我恳请你们，那些总爱取笑别人的人，下一次你们打算取笑别人的时候，请稍微停一会儿，看看自己内心深处。看看你能不能找出真实的动机。拜托，重新考虑一下。"

培训班结束的几天后，我收到了一张匿名小纸条，感谢我注意到了那天上午发生的事情。

这次的经历对我来说太有意义了，后来，我开始到全国各地做演讲，每次都会复述这个故事。有一回，在演讲之后，一个男人走上来，感谢我讲了"挪揄的故事"，他是这么叫它的。他说，这对他启示良多，因为他跟妻子、儿子总是无情地取笑女儿，直到有一天，女儿试图自杀，好在她没成功。但经过这样的事之后，她成功地得到了全家的注意。他们集体去看了女儿就诊的心理医生。不久，全家人了解到，每回他们取笑女儿的时候，都是在一点点地削减她的自尊心，这些小伤口累积起来，终于酿成了让她恨不得寻死的大伤害。她只想通过死亡来逃避。

这男人的教训如此感人，我把它也加进了我的"故事汇"。又过了一段时间，我对着另一群听众讲述他的故事，听众里有人抗议道：

"哪儿有这么夸张！我可是靠挪揄表达感情的。"

我回答说：

"那么，你最好另外换一种表达感情的方式。"

水果类型：桃子

型号：P-16-n7

生产商：阻力忍耐 TM

品牌：大自然祝福 TM

规格

Drop Max：87cm

擦伤／碰伤比率：16：1

运输中保存时长：零度到 1℃可保存 122 小时

上架后保存时长：15℃下可保存 87 小时

替代品：P-16-n6

7/11/96

第 14 章 高科技桃子

真正多汁的桃子出了什么状况呢？它们好像全都从市场上消失不见了。大多数时候，你能买到的桃子，全都是通过现代园艺技术辛辛苦苦培养出来的高科技桃子。当代的桃子耐砸耐摔耐碰，个头形状很统一，能更好地在严酷的大众营销环境下生存。

过去的多汁桃子不经碰，必须小心处理。在当今从果园到超市的激烈竞争下，这种娇滴滴的弱小姐可没有存活空间。所以，现在的桃子一定得"强硬"。而且它们也真的够"强硬"。可出人意料的是，当人们把强硬的属性培育到了桃子身上时，鲜嫩的属性也随之遭到了排挤，汁水和香味都没了。而这又是当今竞争世界里最重要的东西。

损失多大啊！

我还记得小时候吃的那种大个儿的熟桃子。现在的桃子都是没有绒毛的，可那时候的桃子却浑身长着扎人的短绒毛。哪怕人小时候的记忆总容易夸张，但绒毛至少有半厘米长。桃子的汁水多极了，我张开嘴巴，牙齿穿过它娇嫩的皮肤，咬进甜美的果肉，果汁就能从嘴里流到下巴上。味道真是好极了！

多么天真的狂喜啊。这种狂喜，如今已经感受不到了。耐碰撞的高科技让桃子吃起来就像纸板箱一样。你咬上一口，便会想：

"这才不是桃子！这只不过是某种合成物质被巧妙地压成了桃子形状罢了。"

损失多大啊，真的。

没了汁水的可悲状态，回荡在整个商业世界。在那里，因为狂热追求意志强硬的冷血竞争的正确性，大部分人类企业都抛弃了精神上的感性。这就是个性虚伪、激情干瘪的现实，这就是事业空洞的流行病，这就是乏味职场的荒原。

有一回，有人要我跟朋友兼同事大卫·奥尔布赖特（David Albright）拍摄一段录像，表现皇冠中心（Crown Center）的发展演化。皇冠中心是堪萨斯城中集办公楼、百货公司、娱乐场所及住宅于一体的综合性大楼。拿给我们看的脚本内容很有趣，但我们希望最终的视频更加有趣。我们打算拍摄一段迷人、美味，甚至多汁的东西。我们为这段视频投入了相当大的精力，精心琢磨镜头的角度、拍摄的活动、后期的动态编辑和好玩的配乐。这里没有什么"头部特写"。我们轻轻松松就做出了一段充满热情的展示片，但添加配音的环节把我们难住了。我们想用一个女声来做整体叙事，再用一个男声来介绍如何开车抵达皇冠中心，同时，画面上会出现机械师满是油污的手，在城市地图上指出不同的路线。

大卫是音频和视频专家，他为这一部分的制作邀来了专业人士。我们在当地一家录音室碰头，温习剧本内容，聊起了我们想要的声音风格。对我而言，配音的语调应该像是闲聊，这样才能保留视频整体的随意和真实氛围，这一点很重要。那天并不是试镜。我们的工作规模很小，还不值得郑重其事地搞一场试镜。反正，大卫带来的男女配音演员是什么样的人，我们就用什么样的人。

　　女配音演员先到了。虽说我在电影里看到过录音室的样子，但活生生的体验还是头一遭。我感觉自己就像个孩子，坐在了一般公众接触不到的位置上，很酷，很兴奋。女配音演员把剧本拿在手里，站在隔音室的麦克风前面。而在灯光昏暗的控制室巨幅落地窗的对面，我和大卫舒舒服服地坐在真皮旋转椅子上。

　　大卫的右边坐着一位音频专家。我知道他是个专家。他必须要了解摆在我们面前一字摆开的各种表盘、旋钮和仪表。我晓得，他的权威人格随时都会冒出来。

　　我们都戴着耳机，不是随身听用的那种海绵小疙瘩，而是真正的大耳机。能把耳朵都罩起来的大耳机。我想它们都是用的真皮垫子，软软的、带着韧劲的真皮。这家录音室的伙计们对自己的客户挺溺爱的。也许所有的录音室都这样，我也说不清。

　　女配音演员从监视器里观看我们的视频，准备念台词了。真要命。呃，老实说，很完美。这也是它要命的地方。我们不想要完美。我试着跟她沟通。完美并不真实，完美不够有趣，我们想要真实、闲聊的样子，有点瑕疵也行，听起来有点可信度。可我们的专业播音员真的很难理解这一切。

　　不对，这么说不对。理解我们的意思并不难。难的是让他们忘掉自己受过的播音员培训，做出真实的样子。但最终两人还是找回了自己真实的声音，但在此以前，我们不得不把他们那完美而缺乏人味的朗读听了一遍又一遍。

我们怎么会变得这么拿腔作调？从某种程度上来说，我们的做作一部分来自大量老师和培训师的辛勤工作，是他们把看重正确甚于真实和原创性的专业精神灌输给了我们。在广播学校严格的训练下，有血有肉的学生练出了一把完美、失真得像舞台化装一样的嗓音。满腔热情的新手设计师，经过了建筑学院的打磨，毕业后只会设计一些与美好生活毫无关系的环境。原生钻石一般的愣头小子进了商学院，出来之后变成了一颗颗大同小异的克隆人，沉迷于缺乏人味的权力：把东西和人分类，改造成系统。

不过，这里有个来自桃子的好消息！据报道，至少有一部分园艺专家逐渐恢复了常识，正努力把汁水和口味重新带回我们的果园。他们这么做，也是在帮忙恢复人类的感官感受。

感官感受来自感官。通过我们的感官，我们才能够体验周遭的世界。所以，既然园艺专家能成功地把自然的口味带回水果和蔬菜，他们也能帮助我们跟自己原生的多汁天赋重建联系。

或许，在某个晴朗的早晨，我们工作空间的设计师和企业要务的制定者们会找到足够的智慧，跟上这些开明园艺师的脚步，摇起职业素养与感官感受并重的大旗，热心地去追求长久以来在职场上销声匿迹的口味。

第 15 章 禁用牛奶桶

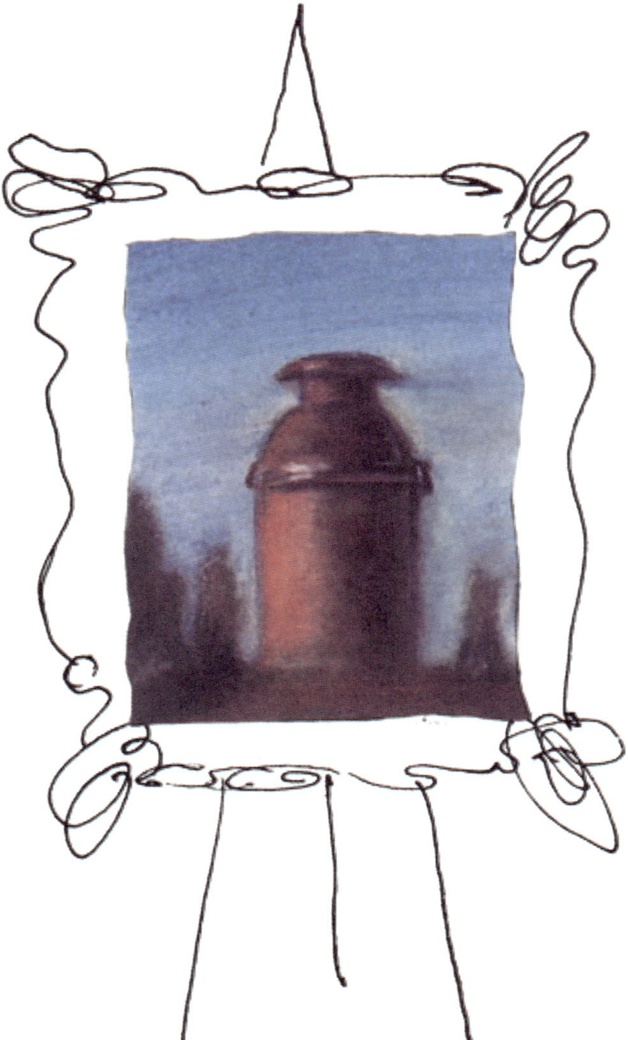

我在贺曼贺卡公司的职业生涯进行到一半的时候，被企业雄心臭虫咬了一口。因为那是我第一次挨咬，所以真的挺严重的。我甚至还跑出去买了套西装呢。故事的来龙去脉是这样的：我在当代设计部一直过得挺快活，做事有效率，跟一群古怪的画家和作家们创造了各种各样的幽默产品，直到有一天，长期是我上司、导师和保护神的罗伯特·麦克洛斯基问我，我愿不愿意去领导一个名字听起来就很狂野的小部门，它叫"创意授权部"。我答应了，条件是允许我继续跟进自己在当代设计部的有趣项目。没问题，成交了。

不久之后，贺曼贺卡的老竞争对头，美国贺卡公司，推出了一个可爱的卡通形象，叫"草莓脆饼"，并很快成了形象授权世界里的大热门。这个甜美的小东西开始出现在你想象得出来的每一种儿童产品上，自然，美国贺卡公司也都能从中抽成。

那可是大把大把的票子啊。

突然之间，贺曼贺卡的决策者们对授权大大地起了兴趣。一时间，我那初出茅庐的创意授权部，就从 3 名员工蓬勃发展出了 33 名员工。我被从当代设计部的舒适老巢里骗了出来，投入了仓促成立的"贺曼贺卡知识产权部"，换了一个顶头上司，那人工作的弦总是绷得紧紧的。他向我做了大量的暗示，说要是我能搞得定的话，就提升我当设计总监，这是贺曼贺卡公司创意方面最高的职位了，当然，创意副总裁除外。我跑出去买西装也就是这时候。

宏伟的商业计划和票子漫天飞舞，从授权卡通形象中赚取收

入，使很高很高的收入的压力陡增。在此期间，我自己也做起了不切实际的白日梦，拉着其他画家、作家的手瞎唠叨，说我发现了一个在质量和丰富程度上都足可媲美20世纪30年代迪士尼工作室的机会。我实在太天真了。

贺曼贺卡知识产权部成了抢手的职业上升快车道。凶狠、自私、一夜之间铸就的帝国大厦上路了。痴迷于事业的食肉动物们转到了这个诱人的新领域来，对最高管理层许下了一些高不可攀的浮夸财政诺言。为了履行这些承诺，员工不得不拉来大量的业务。所以，知识产权部门负责拉业务的员工不加选择地寻找其他公司的产品，把贺曼贺卡的卡通形象贴上去。业务量成了这场新游戏的名字。在此之前，人们本来一直很看重质量的。我无法完成这样的转变。我在当代设计部的保护茧里待了17年，没法把这样沦丧的粗糙东西融进我的血脉。我在这场个人的职业危机里辗转颠簸，看到我们放弃了质量和良好的品味，我大声咆哮，但又无能为力。与此同时，因为陶醉在当上设计总监的念头里，我为了实现直属上级"快速致富"的目标忙得脚不沾地，严重地侮辱着手下天才的画家和作家们。

我身上混球的部分冒到了前台。随着焦虑感的累积，我丧失了合理的期望值，开始把同事们当成威胁，甚至当成达到目的的手段。谢天谢地，在受我折磨的人里，有少数对我的行为提出了质疑。他们每个人和我对峙的方式都充满了爱心和关怀，这才让我意识到，他们的抱怨是很有道理的。毁灭性的情绪困扰压垮了我，我只好向心理医生求助。

那是我第一次拜访心理医生，我从前一贯认为，只有胆小鬼和自我放纵的人才需要做治疗。这一回，我改变了看法。这样的转变是多么大呀！我恨不得天天去看心理医生。经过几轮谈话，我有了一定的认识，决心从粪坑里跳出来，离开眼下有毒的工作环境。

我开始暗中调查该跳到哪个部门去。但以我当时的精神状态，再想从事创意方面的工作是毫无指望的，而离开公司也不是一个好主意。我没有勇气放弃贺曼贺卡长期为员工们提供的财务安全感。走投无路之下，我幻想硬生生地创造出一个理想的部门来：一座对创意友好的绿洲，在那儿，你可以冲着"帝国大厦"高傲地翘起鼻子，抛开所有阻碍新鲜概念和产品的东西。我带着兴奋感，把这个企业天堂的幻想写成了建立"幽默工作室"的提案，提案只有一张纸，还是用手写的。把这东西拿给我上司看肯定是死路一条，于是我趁着午餐时间，把提案交到了创意部副总裁的手里。

等午餐吃完了，他已经拿定了主意：

"这事儿，我们干定了！"

预算批了下来，地方也找到了，我的顶头上司最后才得到消息，他大吃一惊。那时我已经跟 12 位画家和作家安排好了会谈，准备拉他们到我新成立的部门来。每一个人，我都是单独谈的，他们全都不知道这个部门里还会有谁，我说：

"假设咱们 13 个人全部辞掉了贺曼贺卡的工作，假装我们凑了一笔钱，办了一个叫作'幽默工作室'的创意棚。贺曼贺卡不再是我们的老板，而是我们的客户，我们唯一的客户。因为我们现在是自己做主，所以，我们可以随心所欲地自己设计工作空间。想象一下我们的工作室会是什么样子。在你心里设计一个美妙得连周末都想来上班的工作室。

"好了，告诉我。你希望这个地方是什么样的？"

邀请人们展开幻想，其实就是为他们提供一张沉思的安全通行证，要他们跳出惯常的宿命论。谈话中，人们对新的工作空间提出了五花八门的设想。但有一点建议，好几个人都说到了：用复古的拉盖办公桌。于是我决定围绕拉盖办公桌设计一个部门。我向唐娜·利文斯顿寻求帮助，她是我们办公设施规划部的建筑师。再加上采购部的弗雷德·沃尔夫，我们仨一起跑遍了堪萨斯城的每一家古董店。

拿着企业的支票本儿采购古董，真是太棒了。唐娜和我逛了一家又一家店。每当我们找到一张适合的桌子，就给弗雷德打个手势。之后，他会跟店老板讨价还价，完成必要的书面手续。

我告诉唐娜，我希望我部门里的每个人都拥有一个分界清晰、隐私感好的空间，同时又不隔绝其他人。现在企业世界里大行其道的格子间就有很强的隔绝感。她提出了一个很让人愉快的想法：为了跟办公桌搭配，我们冲到当地一家废品回收公司买了几张彩绘玻璃窗户，还有几扇带斜角玻璃面板的旧门。我们用粗

粗的麻绳把窗户和门从天花板上悬挂下来，以此隔开私人和开放的工作空间。为了增加些花样，我们还把额外的几扇门成对地安装在一起，当作是隐私屏风。这么做，既强调了功能性，又有很强的美学观赏性。幻想正在变成现实，这让我欣喜若狂。

这天下午的扫货快结束时，我瞅见一家店的角落里放着几口旧牛奶桶，突然生出一个念头：把它们拿来当成废纸篓会很有趣哦。但这是个糟糕的主意，我后来才晓得：装垃圾容易，想清空却很困难。我问柜台后闲着没事儿的妇女，还有没有更多的牛奶桶。她给我看了地下室：那儿有整整半屋子呢。我示意弗雷德买13口，可这个数太不吉利啦，我就要成真的美梦差点为此泡了汤。

接下来的星期一，唐娜打电话通知我，说采购部要我们去开会。

"什么时候？"

"就现在。"

"什么事儿？"

"不清楚。"

"我马上就来。"

我在采购部门口见到了唐娜。我们被领进一间会议室，那儿有5个绷着脸的官僚等着我们。5个，整整5个。经过一番贺曼贺卡式的常规寒暄之后，我们直接进入了主题。

"我们看了你们最近的采购项目，对其中一项深感疑惑，就是13口牛奶桶那一项。你们要13口牛奶桶，是拿来干什么的？"

牛奶桶敲响了采购部的警钟。办公桌的申请毫无问题地通过了，门和窗户也一样。贺曼贺卡公司需要办公桌、门和窗户，所以这里没什么可疑的。但牛奶桶呢？这就是另一码事了。

我对"幽默工作室"的概念做了一番相当长的解释。就在我做结论的时候，桌子对面的一名女士终于说话了。自从我和唐娜进屋以来，这位女士的目光就没有从厚厚一大本摊开的企业手册和一大摞表格上移开过。后来我才晓得，那就是我们的采购申请。她说话时，眼皮依然垂着：

"这些项目不在我们审定的办公用品清单里。"

所有的目光都转向了我。沉默中，我胃里腾起一种低劣的恐慌。我开始更详细地重新解释，这一回，我使出了浑身的解数。

女士的眼睛仍然牢牢地盯在翻开的手册和违规申请单上，她重复道：

"这些项目不在我们审定的办公用具清单里。"

我创造的天堂马上就要没了！公司副总裁热心地给我一路开了绿灯，批下了预算，但这位官僚却想把我的点子堵在轨道上。她有权力这样做，而且我担心，她正打算用起自己的权力来。我这半辈子遭遇的愤怒和挫折涌了上来。突然，我看到桌子对面的女人发出了"永恒禁止"的邪恶光芒来。一头绿眼睛的守门怪兽似乎堵在了我和避难所之间。憎恨让我丧失了理性和行动能力，我只想着用目光杀死她。我唯一能想到的就是这个。

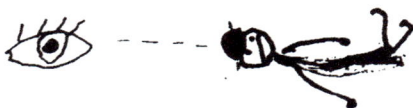

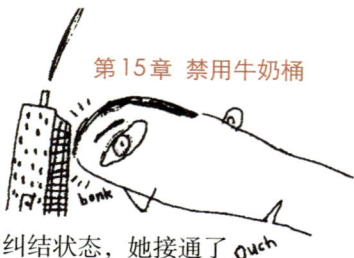

显然，唐娜并未像我一样陷入自我毁灭的纠结状态，她接通了自己的创造力，提出了一种回避与官僚们发生正面冲突的迂回办法：

"好啦，我知道了！"她跟即将与我成为敌人的女士调起了情，"贺曼贺卡不是有企业艺术收藏品吗？为什么我们不把这些东西都归到'古董'那一类，按艺术收藏品的名目买下来，再借给'幽默工作室'呢？"

那位我迫切渴望把她描绘成敌人的女士合上了企业手册，抬起头来，灿烂地笑着说：

"好主意。"

好多事情，我总是要过很久才看得明白。跟采购部的人开过会之后好几个星期，我才逐渐意识到：面对出于偶然当上了官僚，并以此为生的贺曼贺卡的同事，一旦我屈从于自己因怒生恨的反应，我就成了这种做法的受害者。要是我那么做，我就把自己变成了她极力维护的毛球里的囚徒了。唐娜的创造性回应拯救了我，还教给我一种新的生存策略：

每当有官僚

（也就是制度守护者）

站在你和你需要或想要的东西之间，

你要做的便是，

帮助官僚找到一种

既符合制度

又能满足你需求的方法。

这种策略帮我摆脱了很多很多的毛球。

后记：

幽默工作室开张的头几个星期，与其说它是高效的画家及作家创意棚，倒不如说它更像是企业内设的旅游中心。其他部门的好奇游客络绎不绝地跑来拜访，想看看是不是真有一块时髦的飞地落到了自己灰色的海洋里。尽管他们几乎无一例外地喜欢我们的另类天堂，也有少数观光客大表愤慨，说我们的做法是在不负责任地挥霍企业资金。

"你们这儿用的钱肯定够建一座泰姬陵了！"一位不安的部门副总裁抱怨说。

错啦！

当时，贺曼贺卡标准又死板的流水线格子间，人均成本是4 200美元。而我们选择的独特复古式装修，既有助于鼓励员工自由奔放的个性，又有助于提升本部门生产创意产品的使命。而它花了多少钱呢？人均才3 500美元。人均成本比格子间少整整700美元。我们用少得多的钱创造出了一个更丰富、更有利的环境，以少换多。

那位不安的副总裁眼里的恼人挥霍证据，其实是明智的独创性带来的诱人红利。

第 16 章 创新悖论长

在幽默工作室"领导"（这么说可能有点自欺欺人）了 12 名独立思考的创意天才 3 年之后，我当时的上司请我到街对面的企业总部，也就是"大灰宫"，去做一份新工作。幽默工作室有股子新潮的能量，办公场所又游离在外，我很享受这里的日子。因此，我对新的工作邀请有点抵触情绪，它显然会把我拉向主流。

我最不愿意离开幽默工作室的原因是上司对我的新职位说不出一个明确的前景来。我记得他说过，希望我当他的"马前卒"。考虑到此公的名声，这无异于是魔鬼的邀请，不是我想追求的职业之道。

此外，我对这件事最提防的地方，不在于调去新岗位这一点，而是他们想把我调离幽默工作室，因为我松散的管理风格，在大灰宫里屡屡受人质疑。

后来，我想对新岗位的工作内容有个更广泛的感性认识，我问上司，对这个职位，他有没有什么合适的头衔。

他回答说：

"我想，大概是'副官'一类的东西吧。"

"我讨厌这个！（我的声音说不定近似哀怨了。）这听起来太军阀了，太奴性了。"

他毫不犹豫地回答说：

"那么，你自己想一个好了。"

一个偏执的声音在我耳边响起：

"他不在乎职位头衔是什么，因为那儿反正也不会有
什么事情可做。"

就这样，我们的面谈结束了。之后的整个下午，我都对自己
在公司的未来感到焦虑不安，简直动弹不得。

那天晚上，为了逃避压力，吃完晚饭，我去慢跑了。跑了不
到两公里，我平静下来，脑海里一片空白。又过了没多久，一个
词莫名其妙地从我脑袋里跳了出来：

悖 论

（大写）

我感到说不出的兴奋，立刻转身跑回家，翻起了我那本破破
烂烂的字典。我满头大汗地用指尖扫过一个接一个的字母：L，M，
N，O……终于到了 P 字头：pad（垫子）……Pandora（潘多拉）……
parade（游行）……找到啦！ Paradox（悖论）！

等读完它的几个定义之后，我觉得自己的脸都笑开花了。

"这就是我想要的。这就是我了！"

我兴奋极了！ 欲仙欲死！

"要是我拿这个当我的新头衔，他们没意见，我就接
受这份工作！但这话我可不跟他们说。"

第二天一早，我做的头一件事就是去把定义复印了，然后把"悖
论"这个词本身给画掉。到了我们的新一次面谈时，我把复印好
的纸放在了上司的桌上：

"我希望用的工作头衔，定义就是这样。"

Paradox：1．一种似是而非、看似矛盾、有违常识而实际却可能正确的说法或主张；2．一种自相矛盾的说法；3．一种看似自我矛盾的经历或事情；4．一个行为表现自相矛盾、前后不一致的人。

你试过根据定义来猜测原来的词语吗（而且不知道那个词到底由几个字母组成）？这可没有看起来那么容易。我上司可是一个熟读《30天获取更有力词汇》的家伙，即便是他，也觉得挺棘手。而且，他没猜出来。

我告诉他：

"这个词是'悖论'。"

"要不要再加点修饰语？"

"比如？"

"类似'悖论长官'一类的。"

"哇噢！我的建议放在你的办公桌上还没到10秒钟，你已经把它弄成个制度了！"

他放弃了。有时候他也是一个非常理性的人。

"那么，'创新悖论长'怎么样？"

（我们当时是在创意部。）

"这听起来不错。嗯，我喜欢这个。"

他告诉我，这个头衔，在他手里就算通过了，在更高级别的会上，他也会支持我。他当真说到做到。头衔通过了，我得到了那份新职位。

所以，在接下来的那个星期六早上，我开始了这项忧伤的任务：把个人物品装进纸板箱，拖着它们，从我心爱的幽默工作室去位于大灰宫九楼的一间没有窗户的小房间。多叫人沮丧的改变啊。

隔周的星期一，贺曼贺卡的每日快讯《午间新闻》在"新职责"栏目里，用一行简短的字眼宣布任命我为"创新悖论长"。

"创新悖论长？"午饭过后，人们手里拿着《午间新闻》来找我问道，"这是什么鬼东西？"

我无言以对。因为我也不知道它是什么意思。

在这一点上，有些背景知识我得告诉你：

为了蓬勃发展，又或者，哪怕只是为了生存，贺曼贺卡公司也必须不断开发自己的主要创新资源，也就是贺曼贺卡的员工。故此，用企业简报吟唱咒语，无疑是在向创造力发出呼唤……

拿出你的点子　　　　　　　　　分享你的认识

之后便会有员工回应。这是个相当了不起的点子。怎么用数字来表现它呢？好吧，本书撰写期间，贺曼贺卡总部大概有 6 000 多名员工。所以，任何时候，只要有 5% 的员工回应了创新呼吁，也就等于有 300 人会向公司提供创造性想法。

遗憾的是，尽管贺曼贺卡的心灵在高唱创新的美德，但公司对现状的墨守陈规，却是跟新想法背道而驰的。两者的失调，造就了一种常见的企业人格障碍：组织表面上赞扬新思路的一代，暗地里却想方设法阻挠他们实践这些思路。结果，任何时候，贺曼贺卡的无数员工响应了官方的创新号召，拿出了新的方法设计，或者原创的新产品。可最初发出号召的同一批集团权威，却由于这些概念的新颖本质，把它们束之高阁。这就使得许多提出新构想的人倍感挫折和打击。

一天，一个苦恼的创意捐献人向朋友倾诉她的失落感。这位朋友说：

"不妨把你的想法跟创新悖论长讲讲呢，反正他也无事可干。"

于是，姑娘翻出我的电话，对我说：

"我可以来找你说说我的一个想法吗？"

"当然。"

她来了，向我说了一个新产品的构想。这是很了不起的想法，所以我对她说：

"想法太棒了。我认为我们应该这样做。"

她大声笑起来：

"那可多谢了。"

她走之后，我记得自己在想：

"好家伙！这还挺容易的。"

她回去找她上司：

"创新悖论长认为我的想法了不起，我们应该试试看。"

这下，一个出人意料的现象浮出了水面。由于创新悖论长在企业文化的大背景里毫无意义，没人确切地知道我到底处在哪个权力等级。可对那些靠着耍弄政治手腕发展自己事业的人来说，谁手里掌握了多大的权力，是非常重要的信息。所以，许多人尤其是中层管理人员，在心存疑虑地打"权力评估"这个赌的时候，就会把赌注押在"大"上。这样一来，好多人就以为我手里有着很大的权力。（其实我根本就没有任何权力。）

但只要他们觉得我有一定的权力，那我也就有了。

这姑娘的上司，猜测我大概是个有点权力的人，肯定这么想：

"既然创新悖论长支持她的想法，或许我最好也支持一下。"

所以他就这么做了。她的想法变成了产品。更幸运的是，它卖出去了。

很快，消息传了出去：

"如果你有个点子卡在制度里了，就给创新悖论长打电话。"

我的电话开始响个不停。

为了强化我那逐渐浮现、难以定义，或者说根本不存在的权力错觉，我着手将自己的小小办公室改造成了企业版的魔法师巢穴。

大厦服务部的一个朋友帮我切了些长长的薄木板,我把它们挂在头顶的荧光灯底下,遮挡光亮。接着我在黑乎乎的房间里点起蜡烛,打开一盏绘图灯。这让我有足够的灯光开展工作,但跟企业大厦其他灯火通明的地方相比,我的房间还是暗淡得够呛。为了表现出一种高深莫测的感觉,我还在墙上挂起硕大的中文书法横幅,用新闻纸潦草地写了许多格言。

我从贺曼贺卡的一位画家,安妮·冯·罗塞姆·劳伦斯那儿买了一件奇异的雕塑,是她用一把古董橡木餐椅翻新的。雕塑身上画着色彩明艳的条纹、裂痕和波浪,它有一双张开的宽大的翅膀,椅背上还用一根细木棍顶着一道光环。雕塑名叫"天使之椅",我把它挂在屋顶,并呈45度斜角垂在我的绘画椅上,希望给人留下一种印象:我刚刚才从它上面滑下来,落入凡尘。

我就在这样的地方会见那些好点子卡在企业混沌里的贺曼贺卡人。

哒、哒、哒。来访者会试探性地透过打开的门,瞅着我黑乎乎的房间。

我坐在烛光下,背后是悬在半空中的天使之椅,回忆起以前在老黑白片《消失的地平线》(*Lost Horizon*)里看到罗纳德·考尔曼(Ronald Coleman)演的老喇嘛的样子。要是我没记错的话,电影里的老喇嘛有136岁,虚弱,温柔,而且极为睿智。

我也要装出有136岁来。

"进来吧。"我会朝着访客微微招手示意。

"坐。"我低声说，指着门口摆的三把椅子。

我们会在沉默中坐上一会儿，好让空气里散发出神圣的气息来。之后：

"说吧。"我会打开僵局。

访客会把自己的点子如此这般地描述一番。

"好主意啊。"我会发出一种北美洲睿智印第安老人的声音，那是我从另一部电影偷学来的。我记得好像是《狼嚎》（*Cry of the wolf*）。

"谢谢。"访客会笑着说，然后准备离开。我准许了。

这档子事儿，我做了 3 年。我在贺曼贺卡工作了 30 年，最后 3 年干的事情既没有岗位描述，职位头衔又毫无意义。但它却是我整个职业生涯里最充实、最富有成果、生产力最强、最欢乐的 3 年。

说说悖论吧。

利用荒谬 & 拥抱敌人

展现悖论的力量

后记一：

有一回，我在讲座上说了这个悖论故事之后，观众中有人问：

"您对谁都说他们的想法很好吗？"

"当然。"

"所有的想法都很好？"

"几乎全都很好。"

"那些不怎么样的想法呢？"

"它们也都挺不错的。"

"你说每一个想法都是好主意，岂不会败坏你的信誉吗？"

"来找我的那个人可不知道我跟其他人全都这么说。"

"碰到不是那么好的想法，为什么你还是会说它很好呢？"

"在任何一家大公司，提出真正新设想的一线员工，一开头就会碰到无数的制度跟自己作对。大多数公司到处都是说'不行'的人。大多数新孵化出来的点子，还没来得及长出羽毛就被扼杀了，翅膀就更别想了。对所有带着点子来见我的人说'好'，我只是想稍微调整一下这种不平衡的局面。它很管用。对自己想法有着满腔热忱的人，不需要太多鼓励。在一片'不行'的汪洋大海里，只要有一句'很好'，就足够创造奇迹了。"

后记二：

观众中又有人提出：

"你跟我们讲的这些故事……我觉得你做到了这些事，完全是因为你工作的地方是贺曼贺卡。其他任何一家公司都不可能容忍你做的这些东西。"

按我的记忆，我是这样回答的：

"或许你说的没错。但不管是你还是我，都不知道哪家公司会容忍我做到什么地步，除非我亲自到那儿去工作。

"如果你看过我的一些钢铁雕塑，你可能会说，我之所以做出这些东西，是因为我用的载体是钢铁。你说得很对。接着你又说，用大理石就肯定做不出来。你说得仍然很对。可我肯定不会用同一种方法来处理钢铁和大理石。

"同样的道理，如果我从贺曼贺卡转到另一家公司，我会调整我的方法和风格，以便跟上这种媒介的变化。为什么不把你所在的组织，当成是一种让你有机会施展创造力的独特媒介呢？"

第 17 章 死亡面具

员工会议可不是我在贺曼贺卡的大爱。说实话，我可讨厌死它们了。有一回，我上司要我们六七个归他负责的职员去开会，人人都要发言 10 分钟汇报点什么。

我立刻感到焦虑起来。我这个人不怎么喜欢跟人报告自己在干吗，也害怕人家对我指手画脚的：

"怎么办？这样好了！我就报告些跟我在做的工作完全没联系的事情好了。"（反正我上司又没做具体的规定。）

员工会议召开的时候，轮到我发言了，我举起一幅画：

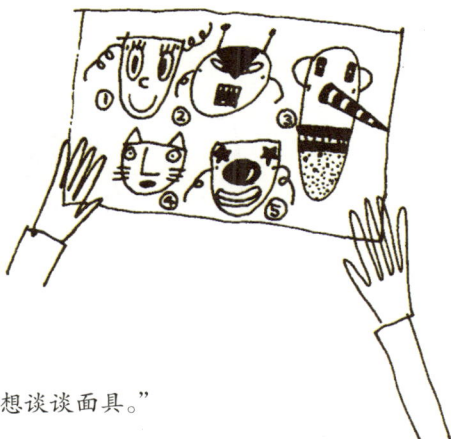

"我想谈谈面具。"

沉默。会议桌边上的每一张面孔，都露出茫然的神色来。

"我对这种会议有这么个感觉：我们走进这个没有窗户的房间，人家告诉我，房间里亮着的是平衡荧光灯（天晓得这是啥），装点着高雅的企业灰。我们围坐的这张长长的木头会议桌，总叫我想起棺材盖来。

"而且，开会的所有人都戴着面具。

"据说，我们像这样聚到一起来，原因之一是让大家团结起来，一起为每天骚扰我们的挑战和困难找出更具创新意义的解决办法来。

"可我一直好奇……我们到底为什么要这样碰头？

"毫无疑问，要想给我们的问题找出更有效的解决办法来，更有把握的途径多得是呀。

"我越是琢磨，就越是感兴趣，尤其是对面具。所以，我以为，找一位戴着面具的人问问，面具背后藏着什么东西，或许能让我们了解到点什么内情。"

我一边说着，一边举起了另一幅画：

我把这幅戴着面具的画当成是个真人的样子，冲着它问道：

"我们想了解您的面具背后藏着什么，您能不能摘下来给我们看一看？就这一次，行吗？"

我把画举起来蒙住我的脸，就像面具那样，然后假装自己是画中人那样说道：

"呃……（结结巴巴地）……好吧……但就这么一回。"

我把画从脸上挪开，但仍然举着它，重新回到自己的身份说话，这一回，我对着会上的所有人：

"好了，我们得到了他的允许，这很重要。但在取掉他的面具之前，请注意他笑眯眯的眼睛，还有他快活、阳光的微笑。此外还请注意他的手高高举着，就好像在说：

'嗨，你们怎么样？'

"又是一个快乐的贺曼贺卡人。

"现在，让我们卸下面具。

"兴高采烈的假面具背后，我们发现了一种充满了痛苦焦虑的表情。一下子，原本像是在说'嗨'的手，变成了乞求。

"'离我远点儿！别靠过来！'

"也许，这个可怜人的痛苦根源，来自他鼻子旁边的愤怒斑点。那是颗青春痘。

"除了身体上的青春痘，还有一种叫作企业青春痘的

145

东西。而且，就跟身体上长的痘痘一样，企业青春痘也总是在最不恰当的时候冒出来。

"你见过有人孤身跑到大山里或沙漠里度假一星期，却长了两天痘痘没？没有吧？从来没有过！痘痘总是喜欢在大型舞会或重要晚宴的当天下午冒出来。

"瞧，事情是这样，为了这个重要的夜晚，你打扮得光光鲜鲜。而当你走过客厅里摆的镜子时，不巧瞥了一眼自己的形象……

啊呀呀呀！

"你看见这颗不招人喜欢的东西从皮肤下面冒了出来，破坏了你鼻子的柔软曲线，把一抹愤怒的红色暴露在了光天化日之下。你冲进浴室，打开药箱，在里头疯狂地翻拣，绝望地想找出一种神奇的祛痘灵药，把这不合时宜的痘痘消灭掉，要不，至少遮掩一下也好啊。

"企业青春痘也是这样。它们总是在最不合适的时候冒出来，在月度报告、绩效考核、临时审计，或者要见大客户之前冒出来。之后，人们会同样抓狂地想把这不完美的瑕疵给遮掩起来。

"其实，是人就会长痘痘。

"是人就不可能事事完美。

"而既然我们并不完美，也就不可能每次都得 A+。

"我怀疑，哪怕我们最终攒下了足够多的 A+，我们很多人仍然是按照这个错误的概念来做事的：纯真的过往里那种无条件的爱，一去不复返了，而他们，却想方

设法地想要填补由此造成的空虚。真是白费功夫！得再多的 A+，也填补不了这空虚。这种空虚，只能靠着我们内心的成长、对自我的日渐接受来填补，因为只有这样，我们才能产生一种健康的自爱情绪。

"当然，这里面也有现实的一面。涨薪、升职，甚至保住自己的工作，或许必须要你得个 A+。所以，碰到有人问，'干得怎么样啦？'一种巨大的诱惑会驱使人们戴上一张假面具，捏造出一抹微笑，表现出虚妄的信心回答道：

'好，很好。一切尽在掌控中。'

"可惜，面具之下却是一种无休无止的苦痛和需求。

"请大家别误会我的意思。人人都有戴面具的权利，我完全支持。面具有它的社会价值，在一个很多时候都很残酷的世界里，面具为你遮挡了隐私，保留了空间。但戴面具，也是要付出代价的。面具会导致小小的死亡，灵魂的小小死亡。你戴上面具，就没有人认得出你到底是谁了，连你自己也认不出来。你戴上面具，就没有人知道你真正需要什么了，连你自己也不知道。你戴上面具，就没有人晓得你真正该拿出什么来了，连你自己都不晓得。

"这就是为了获得 A+ 所要付出的毁灭性代价。"

我的这一番面具发言，对那天会议上的同事们到底有没有什么价值可言，我恐怕永远也不会知道了。面具仍然戴在他们脸上。不过我却由此得到了绝妙的回报：从那天起，我再也不用参加折磨人的员工会议了（顺利飞出毛球）。

坦率有好报啊！

第 18 章 金字塔和李子树

诗人的眼睛，神奇又狂放的一转，

便能从天上看到地下，从地下看到天上。

想象赋予不知名事物以形体，

诗人的笔再使它们具有如实的形象，

空虚的无物便有了居处和名字。

——威廉·莎士比亚，《仲夏夜之梦》

多年来，我一直把眼睛放在企业的怪诞之处上，尤其是贺曼贺卡的文化演进。然后，惊喜来了！我上司要我整理一些想法出来，讲一讲贺曼贺卡该如何更有效地进行自我组织。多有趣的任务！我想到了贺曼贺卡的组织模型：金字塔式。又想了想一般性的模型。接着我又想：

"为什么我们总觉得有什么模型呢？"

好吧，为了应对无法理解的无尽现实，我们这些一天比一天好奇、一天比一天爱琢磨、一天比一天控制欲强的现代智人，创造出了理论模型。面对无边无际、一片漆黑的神秘现实，这些模型其实是被用来巧妙的猜测、了解和定义它们的。我们的模型有时候结构很优雅，也往往在不断地自我强化，就像我们设计汽车车灯的目的一样，是拿来照亮前路的。能照亮的部分，就成了我们的真理，我们会围绕它组织生活。但我们创造出来的这种光亮，也让我们变得盲目起来。我们太常受它们的蒙蔽了，我们以为这些模型就是整个现实，忘了它们只是拿来应对现实和幻想的巧妙机制。

我们越是相信一种模型代表了现实，模型就越是变得僵化。它越是变得僵化，就越是限制了我们。模型里存在着一种安全感，一种来自受限于"已知"，故而能躲开来自未知威胁的安全感。故此，模型的存在有好有坏：一方面，它们通过知识的基础性，产生了一种条理感；另一方面，倘若用得太不当心，它们也会变成一种上了瘾似的麻痹感，对来自神秘宇宙的痛苦再没有了感觉，进而又把我们跟完全的现实，即充满了无限可能性的领域隔离开来。

跟绝大多数企业和同类的组织一样，贺曼贺卡牢牢地建立在以下根深蒂固的信仰之上：金字塔式层级结构模型，有着独一无二的正当性。同时，这种信仰也稳稳当当地驮着贺曼贺卡蹒跚前行。

"啊！这种东西可真够沉重的！"我想着，一不留神就转入"沉重思维"模式了。

大错特错！

"且慢！"我赶紧让自己打住。"要是我就这么变得沉重起来，我会跟之前的许多选手一样，跑上同一条饱受踩蹭的老路。那些人可都比我跑得好得多呢。说不定，我也会卡死在想象力匮乏的死胡同里。我最好还是放轻松些，让那些沉重的思想家去想那些沉重的东西好了。"

我就这么解脱了出来，翻开一本小本子，开始玩起来。

往下读的时候，你不妨暂时停下判断。毕竟，这只是靠着"想象力之舵"[1]，来一场试探性的运动罢了。

---

[1] 引自《济慈书信》（*To Benjamin Bailey*），1817 年 10 月 8 日的一封信。——译者注

贺曼贺卡→开端

企业的创立

基本事实

乔伊斯·克莱德·霍尔——创办人

- 内布拉斯加来的穷小子

- 精力充沛，勇气过人，大胆无畏

- 有常识／有寻常的天赋

- 坚韧不拔："要是你爬到了绳子的末梢，就打个结，**死死地挺住**！"

✳ 走过好运，也交过厄运

　　　🖊 把两者都当成自己的优势，
　　　建立起了一个帝国

1910–1965
55 年 × 365
————————
20075 天

贺曼贺卡公司

★ 给基本事实来点浪漫色彩

开端

看看那乡下土包子——乔伊斯·克莱德·霍尔

从内布拉斯加的诺福克来，跳下了火车

带着一颗火热的心

和他热腾腾的灵魂

在两万个日日夜夜里

激情四射

把热血、

汗水、

眼泪、

智洙、

~~〰〰〰~~ 天才和坚忍

编织成了一个美国企业梦

贺曼贺卡

贺曼贺卡的宣传口号：献上你的关心，寄出最美好的贺卡

贺曼贺卡 → 步入中年

公式的崛起

乔伊斯·克莱德·霍尔最初的干劲活力

带来了成功 ⭐

→ 这一成功带来了 "成功公式"

↝ "成功公式" 带来了孤立隔绝

(**孤立隔绝于激情、**

愿景
和
创新)

孤立隔绝带来了

萎缩

衰败

悄然隐去

老牌企业从不死，它们只是悄然隐去。

如果贺曼贺卡能够死掉，而不仅仅是 "悄然隐去"，

那会怎么样呢？

❓

企业之死——空想曲

→ 听好了！

踢嗒，踢嗒，踢嗒，踢嗒

那是死神的脚步

踢嗒

不管你准备好了没

凡是活物

就要死

动物

植物

企业

没人能逃脱

哪怕智者

也概不例外！

除了——

繁衍！

想想这个

一家分层的、

僵化的、

麻木的企业

绝望地

放弃了 ~~████~~ 惯常的克隆繁殖，承认了

允许了

批准了

⋯⋯⋯ 真正的

分娩

如何实现企业的
不朽

对年迈企业的希望心声
繁衍，企业，繁衍吧！
拥有年轻的子嗣！
　　抚养家庭！
把后代的需求放在自己面前
　　别虐待他们
这样他们就不会学到怎样虐待别人

大力灌输价值观

把你的企业继承人放出去，在他们认为合适的时
候承继火炬

在那之后，老企业就可以
做那老年人最适合做的事情
积累智慧
平静逝去
让这循环周而复始

沙漠里的繁衍————一首小·诗

看哪！一座大金字塔

是坚固的岩石

打磨得边缘锋利，

角度精确地

层层累积而成

每一块石头，都牢牢地抵着它的邻居

以一种持久不变的姿态

这铭刻了过去的纪念碑，想象它深深的内壁

有一袋富饶潮湿的土壤

那里有新芽

（企业专注的除草机们尚未发现它

只要有谁

胆敢顶撞石头寸草不生的完美状态

除草机们总会不懈地，把它消灭掉）

· · · · · · 在萌发

可惜啊，总有一天，它还是会被发现

而新芽

一被发现

就会被真诚地 — — — — —

连根拔起。

可是

这是什么？

奇迹啊！

这一回

被发现的新芽，居然无人理睬

不受打扰地，扎下了根

脆弱地

柔嫩地

在一场试探性的、神秘的创新之舞里，

冒出了嫩芽。

呀！

它没有长成一座小金字塔

而是长成了一棵李子树！

这可真是

单纯又贫瘠的金字塔现实里

难得的奇迹啊！

高傲的金字塔

觉得耻辱又愤怒

但这一回

放弃了干预。

精致的怪物啊！

美丽的突变！

可怕的新芽！

你存在，

是因为金字塔

——这一回——

生出了善意，为自我陶醉于过往之外的东西，腾出了空间

你活着，

是因为金字塔

——这一回——

找到了勇气，去培养

胆敢特立独行的东西

小小李子树啊

你是新芽

你是现在。

你扎根在昨日的坟墓里

却承载着能让我们看到今天的果实。

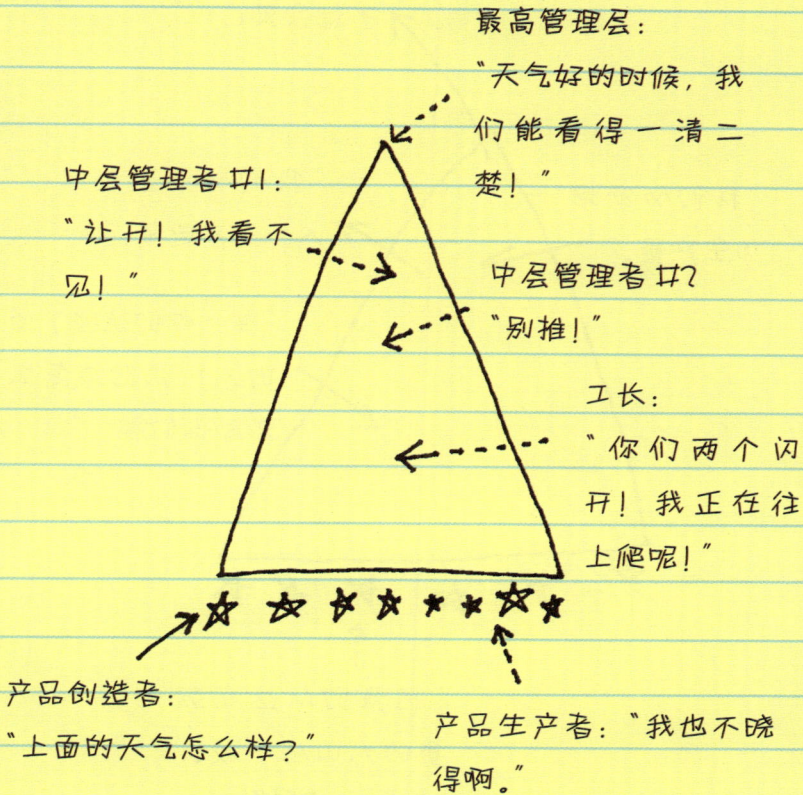

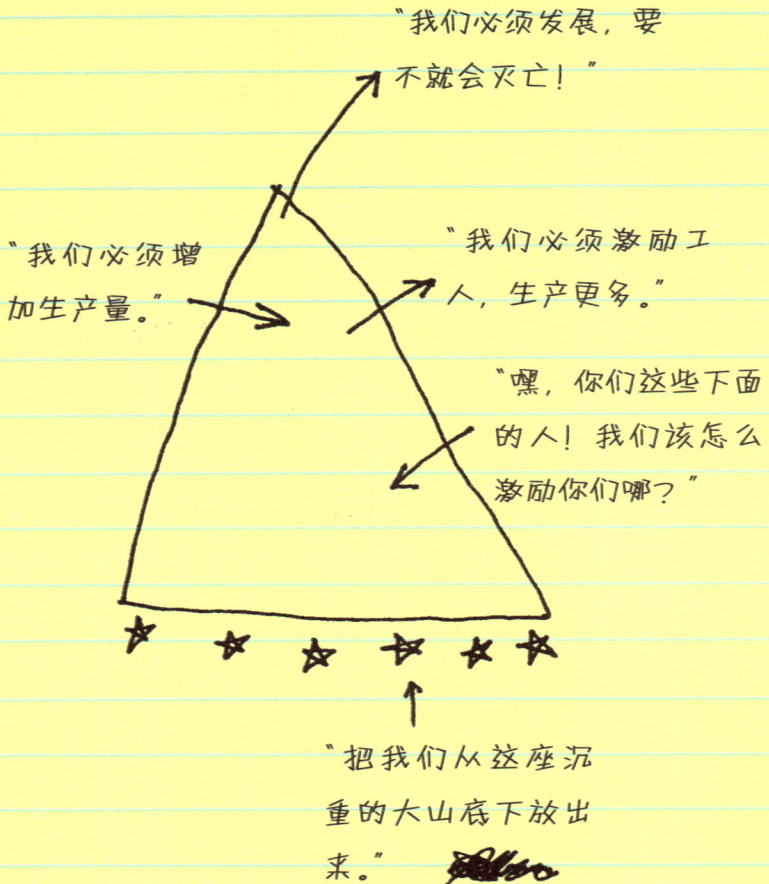

李子树上的对话：

产品创造者："天气好的时候，我们能看得一清二楚！"

"最高"管理层："你们需要什么激励的东西呢？"

"我们已经有了需要的东西：阳光和空气。"

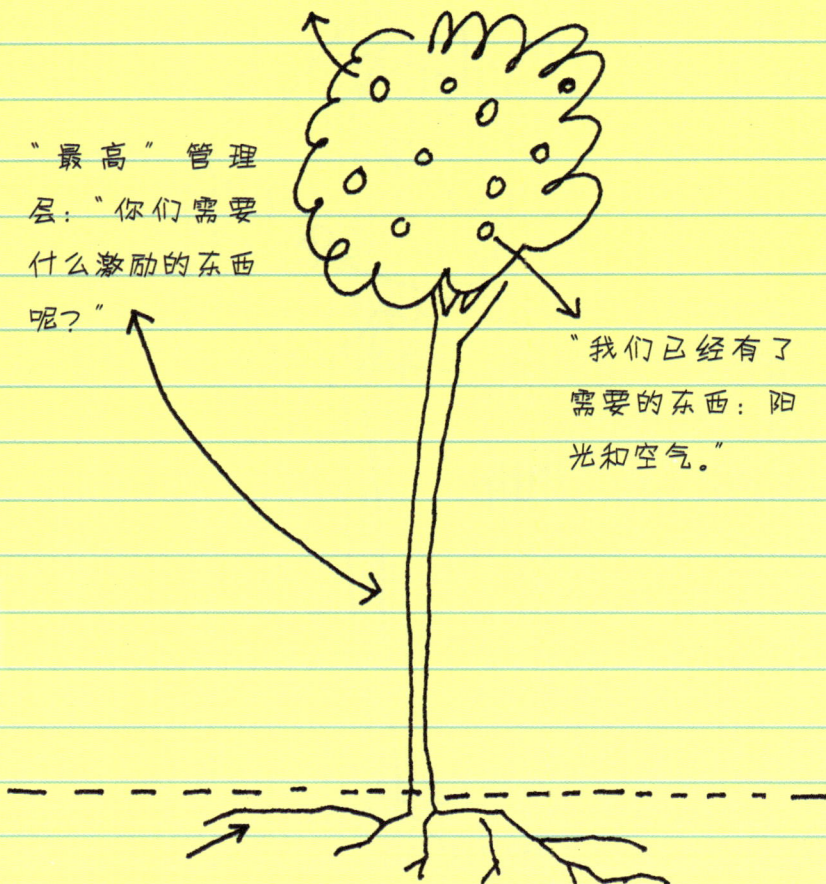

企业资源从根部输送到管理层，再往上输送到产品创造者。

金字塔和李子树的
语义比较

金字塔

是一座坟墓

李子树

则是活生生的有机体

在金字塔型结构里，他们组织成

"部门"

部门的定义是"一种分而治之的状态"

在李子树型结构里，他们结成

群体

"一群团结行事的人"

更积极的说法 ✓

金字塔型结构进一步组织成

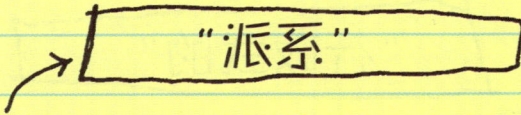

"派系"

定义是 "企业里的主要部门"

（又出现了这个不利于团结的词）

李子树型结构组织成不同的

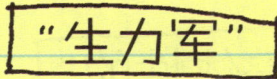

"生力军"

"掌握了有效行动力量的群体"

积极!

---- ▶ 金字塔型结构主要是

"行政式的"

"归属于执行或控制的管理，或与其相关"

---- ▶ 李子树型结构主要是

"整体性的"

"强调部分与整体之间有机或功能性的关系"

金字塔结构的贺冕贺卡

行政型组织

— 机能遵循形式 —

也即，机能遵循组织

例：把编辑和设计看作分开的功能，划分
到不同的部门下（构成金字塔的石块）。
准确的组织架构图由此而来，自然的合作
不复存在。

这是传统结构。

李子树型结构的贺曼贺卡

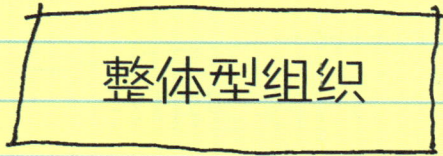

整体型组织

形式遵循机能
也即，组织遵循机能 ~~机能~~
例：把编辑和设计看作同一集合内的两种
元素，整合到单一的创新生态之下，而不
是分散到不同的部门。这就带来了有机体
的活力，带动了合作。

↑

这是根本的组织形式。

传统的

"传递代代相传的观点、教条、实践、仪式和惯例。"

根本的

"回归某事物的中心、根源或基础；基础的；基本的。"

★
所以 ➜ 根本型结构比传统型结构更富有成效。

李子树比金字塔更丰裕。

我把这些疯狂的草图整理成了一份演示文稿，探讨我认为贺曼贺卡应该采取怎样的组织形式，多多少少也是在邀请管理层走出金字塔，孕育李子树。

我明白，听我演讲的这群人会很敏感、戒备，甚至有可能挺好斗。我有意讨论的不少想法可能会被这些经营贺曼贺卡的人看成是批评。所以，我觉得，要是听众里有太多人对我打算讲的东西根本听不进去，捂起耳朵，那可就真正危险了。

为了避免出现这种无益的回应，我选择了一种消除敌意的策略。演讲一开始，我就向听众们坦白，我没有资格就企业组织方式这样重要的主题发表什么意见，所以，我找了一位外部顾问来接替我的位置。我对这位意外，同时也是虚构出来的客座嘉宾做了一番隆重的介绍，然后从讲台后面掏出了一柄电动剃须刀，假装刮掉了我的大胡子，而我本来就没留。接着，我披上一件正装衬衫，打上领带，穿上西装外套。完成了这番服装变化之后，我也结束了对"嘉宾"的介绍：

"请和我一起欢迎……谢尔顿·瓦特博士。"

我开始鼓掌，朝着房间后面比手势。出乎我意料的是，所有人都掉转椅子，也鼓起掌来。于是我趁着这个绝妙的机会，猫着腰退到讲台后面，迅速戴上假发，拿出一副玳瑁眼镜架在鼻梁上。

"谢谢各位！谢谢各位！"热情的瓦特博士应和着，从讲台后面神奇地站起来。接着，他开始发表论金字塔与李子树的演讲。

听众们的反应完全超出了我的想象：在整个演讲过程中，他们听得全神贯注。结束的时候，我摘下假发，再次变回了戈登·麦肯齐，人们又一次起立鼓掌。

始料未及啊！

休息喝咖啡时，好多人围住我。他们说我"打开了一道门，让阳光晒了进来"。这次演讲肯定会是"贺曼贺卡运作方式的一个转折点"。

但当兴奋感随着时间消散之后，金字塔并没有消失。毛球还在，贺曼贺卡仍然和其他大企业一样，留在自己命运的轨道上。

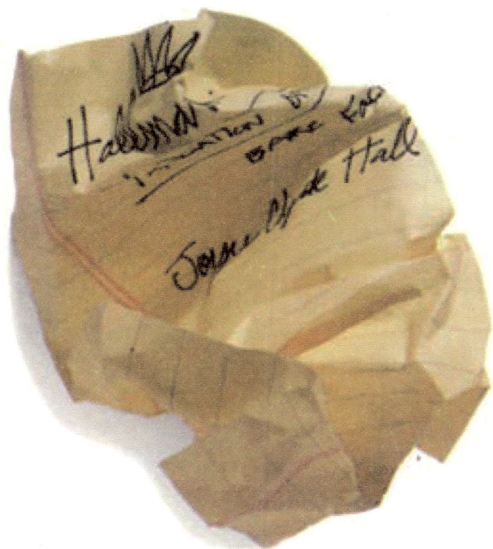

好的一面也有，打从阐明了自己的看法，即机械性组织对人的压抑和窒息，有机体系恢复人的生命活力之后，我获得了一种前所未有的解放感。因为体验过了这种说出个人真理所带来的自由和解放，又看到我的演讲并没有明显改变贺曼贺卡的内心，我确信：未来，我不会再多花功夫在改变毛球身上，而是要帮助所有那些渴望获得更圆满、更独创工作体验的人摆脱毛球。

之后，这就成了我所选择的主要道路，直到今天，它都在不断带给我冒险和丰富的精神馈赠。

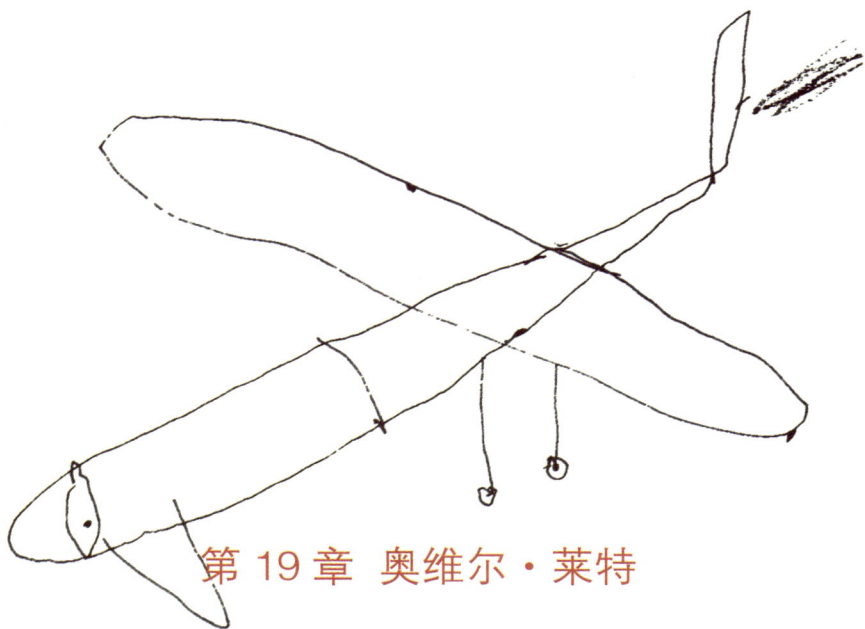

第 19 章 奥维尔·莱特

奥维尔·莱特（Orville Wright）是发明飞机的莱特兄弟之一，可他没有飞行员执照。

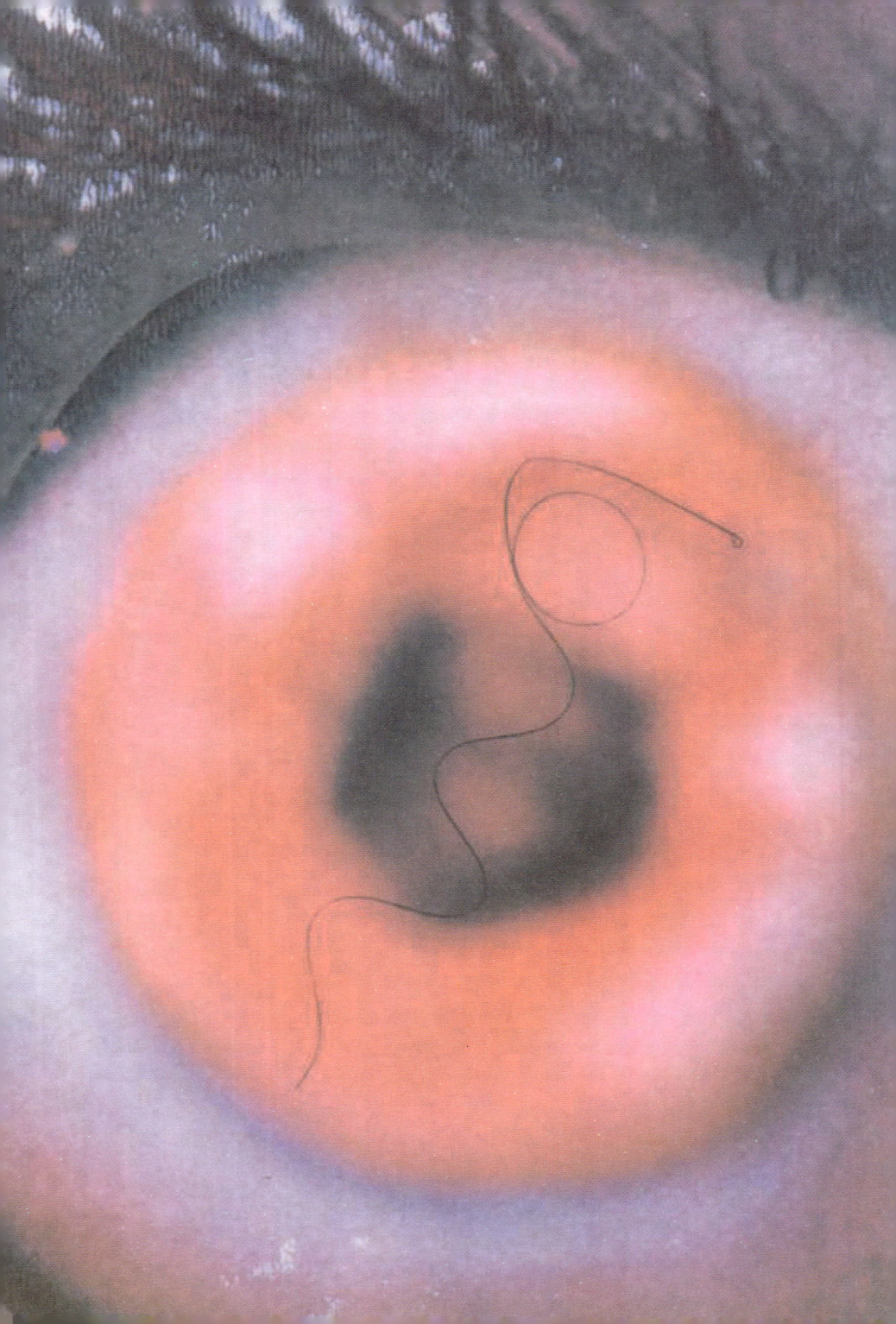

第 20 章　不可衡量的异想天开

从路易斯安那州什里夫波特到加利福尼亚州圣何塞途中。我刚刚开完一个研讨班，正前往另一个研讨班。

飞机滞留在了达拉斯福特沃斯机场的停机坪。

我们的飞机排在第十六号起飞线的位置上。

我们在等待暴风雨结束。

我看书看得有些烦了，又没有其他事情可做，就凝视着眼球表面随机出现的像发丝一样的小东西。它们让我想起了创新难以归类的无方向性质，而我拜访的许多公司，对此性质是毫不欣赏的。或许，我可以用这种视觉上的小畸变，向客户们阐释一个论点。但首先，出于谨慎目的，我得赶紧检验一下，到底有多少人存在这种小小的视觉问题。

我扭头问邻座的女士：

"麻烦问您一下。您的眼球表面会不会偶尔浮现出一些像发丝一样的小东西？"

"啊哈！您也是这样？您也会看到这些小东西？啊！哈哈哈！天哪！我出现这种情况都好几年了。但我从来不愿意跟别人说。我怕他们以为我疯了！"

原来如此。这个小小的意外发现带给了邻座出乎意外的自由，让她对之前觉得难以启齿的东西打开了话匣子。这下可好，她友善地说起了自己视野里"来来回回滑动的毛边幻影"。

"这是玻璃体飞蚊症。"对面靠窗座位上的男子插了话。我们这支即兴讨论小组多了一名医生成员，他开始给我们从科学的角度讲解这些小"蚯蚓"。

雷电交加的暴风雨下得越发猛烈，我们渐渐从谈话中分了心，各自缩回自己的思绪。但我仍然着迷地想着用飞蚊症来比喻创新活动天生的模糊性。

你有没有注意过：要是你一直看着它们，我是说这些小蚯蚓，它们就会飘到边上去？

要是你老是盯着它们，它们就会从视线里消失。

你还注意到没有？要是你想让它们再出现，只要别老盯着它们就行了。如果你不再盯着它们，渐渐地，它们会飘回你的视线里。

就好像它们很害羞似的。

盯着它们，它们就没了。

换个地方看，它们悄悄地又重新出现了。

害羞。

创意就像这样。你不能看着它。只要你有意识地看着创意，它马上就消失了。

如果你想让它回来，必须挪开你的视线焦点。

可由于你没法死死盯着它，就无法衡量创新的实际过程。好吧，在挑剔者的眼里，凡是没法衡量的东西，价值都挺可疑，甚至连它们存不存在都是件说不清的事情。

那么，身为毛球受托人，刻板的挑剔者们是不愿意给创新这种模糊概念投入资源，给予真正的道义支持的。他们贪图创新的果实，尤其是看到竞争对手靠着创新努力，成功地获得了可以衡量的结果的时候，但始终不信任看不见又难以捉摸的创新活动。

只有在轨道上运行的离经叛道者，摆脱了毛球对量化（凡事都要求量化）的迷恋，才能自由自在地收获不可思议的创新活动带来的慷慨回报，当然，这回报也是让人捉摸不定的。

如果一家组织希望从自己的创新潜力中获益，不光要尊重可以衡量的确定事物，更要尊重不可衡量的异想天开。

第 21 章　创新大锅

通常情况下，贺曼贺卡的子公司"使节贺卡"会在全国的战略重地开区域性销售年会。和所有地方的销售会议一样，活动的主要目的是为了企业的持久繁荣，刺激一线工作人员。

有一年，公司要我参加一支从全国各地召集的特遣小组，为下一轮年会做安排。我的任务首先是观察小组的进度，帮忙为构思会议新形式设计一个创意流程。

一天早晨，特遣小组 8 点钟碰了头。沉闷的会议室里，最主要的装饰品就是吊在房间顶上的投影仪，它可是数字信徒们的祭坛。人们马上把它用了起来。伴随着投影机散热器发出的嗡嗡响声，特遣小组的组员们一个接一个地拿出了各种复杂的图表，一行行催人入梦的数字，并把它们投射到暂时用作幕布的白墙上。

"你们这些家伙，都快在水里淹死了。"我这么想着，但没说出来。

小组聚在一起本来是为了创造新意的，结果却昏迷在了统计数据的泥浆里（好快）。

中途喝咖啡的休息时间似乎永远也不出现了似的。等钟点终于到了，会议室里很快没了人，人们一条直线地冲进休息室，之后冲下楼道挤到饮料机跟前。在半上午和半下午的特定时段，饮料机会为员工提供免费饮料。这是贺曼贺卡公司的又一项慷慨福利：为了事业多多摄入咖啡因吧！

我拦住了早先要我加入小组的女士。

"你们总是这么干的？我想这可行不通。"

她茫然地笑了起来。

"可以让我为头脑风暴来点不同的东西吗？"

"呃……好……吧……"

有这句话就好办了。我兴奋地匆忙冲回自己在楼上的办公室。时间紧迫，工间休息很快就会结束，那时，特遣小组就要不情不愿地回到凄凉的会议室啦。我翻拣着绘图板下面的杂物，直到找出了自认为需要的东西：一把用来给奶酪盘保温的小蜡烛，和一对铜钹。我拿着这些神奇的道具，气喘吁吁地跑回了会议室，把悬挂的投影仪关掉，换上小蜡烛。我把它们沿着会议桌随意地摆了一溜儿。

特遣小组的组员们照例趁着工间休息，聊了聊上周的橄榄球比赛，之后在沉默里鱼贯进了会议室，大眼瞪小眼地看着我点亮了半打蜡烛。人群压抑的脚步声停了下来，陷入新一轮的沉默。人们用眼神交流着，希望得到一些线索，弄清这是怎么一回事，可没人发问。每一张脸孔都在意外里没了表情。我设法用一种宽慰的口气说道：

"有一天，我碰到有个人提到了清空思想的说法。他说的什么我没完全搞清楚，但离开的时候，我意识到，要是我们想让自己把庞大的无意识思维利用起来，就必须先把有意识思维的绊脚石给清空。我们必须腾出空间来。"

我拿出了铜钹，这是两面状如浅盘的金属物件，直径大概有一掌来宽，背面系着一条30多厘米长的皮绳。

　　"这是铜钹。我第一次接触到它们的时候，人们告诉我，这是用人体内自然存在的八种元素铸成的。所以，它们发出的声音很快能让人平静下来。

　　"我想，现在我们不妨关掉顶灯，坐在柔和的烛光底下，敲响铜钹。请各位闭上眼睛，放轻松。就让它的声音，来帮各位清理思绪吧。"

有人关掉了灯。我从皮绳的位置拿起了铜钹，双手将之举在视平线下的位置，彼此相隔一拳宽。我的手分开，又靠近。两钹相击。清脆的钹声轻轻抚摸着寂静的房间。我再次击打铜钹。这声音虽然必定会消退，但却有着永恒的意味。

12名穿着西装的天使宁静地坐在蜡烛的光芒下。

我第三次敲响铜钹。等它们的声音再次退去，我静静地吟诵道：

　　"睁开你们心灵的眼睛，想象有一朵娇弱的小花，
　　轻轻地飘荡在你们的头骨里，
　　就在前额骨的后面。
　　请注意小花的颜色，
　　形状，

花瓣的样子。

让小花慢慢地向下飘,

轻轻地穿过你的咽喉,来到你的肋骨。

它继续往下飘啊飘……

飘到肺部……再往下,轻轻地飘,

它停在了你腹部最低的位置,

也就是你呼吸到达的地方。

你深深地呼吸,

在你一团漆黑的腹部,有个地方在闪烁光亮。

把花拿到那儿去……拿过去……拿过去……

现在:松开手!

让小花消失吧!

但请把注意力的焦点继续放在刚才的那个位置,

你身体最最深的黑暗中心。"

我们静静地坐了90多秒,这对繁忙的商务人士来说已经是很长的一段时间了。

"现在,要是各位准备好了的话……完全准备好了之后……睁开眼睛,回到会议室。"

依旧是静寂无声。过了一会儿,人们三三两两地睁开了眼睛。房间里弥漫着一种前所未有的平静。

"我现在要开灯了。真的很抱歉。"

荧光灯耀眼的光芒重新回到了房间。天使们呻吟着以示抗议。我继续说：

> "刚才，你们体验的是'放手'。请各位接受这样的想法：当你们放开那朵花的时候，同时也放弃了对这次会议应该怎么进行的固有偏见。
>
> "要是各位愿意的话，请给我提供点想法。把你们以前参加销售会议时痛恨的一切东西都说出来。我会把它写在这面挂图上。"

我们写满了整整六页。

> "现在，请根据这些负面的信息，创造出一种新的销售会议形式。"

人群炸开了。他们的企业储备外壳裂开，一股令人惊叹、饱受压抑的常识性知识洪流涌了出来，把灰暗贫瘠的会议室变成了一口创新大锅。空气里弥漫着热心、激情和乐观情绪。人人都纵情欢乐，把点子扔到会议桌上。人们仔细听着，抓住别人的想法，借力又跳到下一座高原上。我溜出房间，为这场恶作剧所释放出来的能量哈哈大笑。

特遣小组进而设计了一套有别于任何公司以前考虑过的地区销售会议形式。后来我听说，管理高层为此十分紧张。但还是要多谢他们的信任，他们没插手，让小组安排了一次激起了全国各地所有销售区热情的活动，给一线工作人员带去了空前绝后的鼓舞。是的，空前，也绝后。

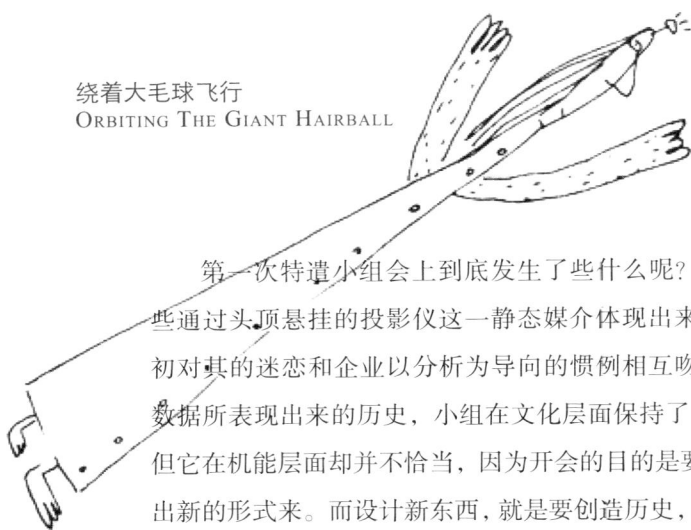

　　第一次特遣小组会上到底发生了些什么呢？嗯，我以为，那些通过头顶悬挂的投影仪这一静态媒介体现出来的数据，小组最初对其的迷恋和企业以分析为导向的惯例相互吻合。着迷于统计数据所表现出来的历史，小组在文化层面保持了"恰当"的队形。但它在机能层面却并不恰当，因为开会的目的是要为销售会议设计出新的形式来。而设计新东西，就是要创造历史，因为它没有先例。

　　机能不适当，也就是机能出现了障碍。绕过机能障碍的一个办法，是让参加会议的人逃离历史的毛球，通过使用异端的蜡烛、铜钹，轻言细语地想象指引，进入模糊的另类现实，也就是以创新为惯例的起源轨道。

　　从企业反复灌输的文化里解脱出来以后，特遣小组的组员们从单纯的参会人，摇身一变成了事业的热切参与者，哪怕只是暂时的。

　　要是你希望获准回到企业文化里，那么，逃离惯常的文化就永远是一种暂时性的东西。

　　　　"是的，你可以出去玩，但你得按时回家吃晚饭。"

　　然而，哪怕这种逃离毛球、进入轨道飞行的状态再短暂，仍然是一场混沌大探险，有望为僵化的现状找到文化上的解毒剂。

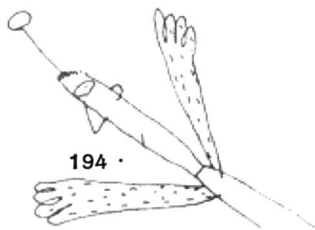

第 22 章 更活跃的跟随力

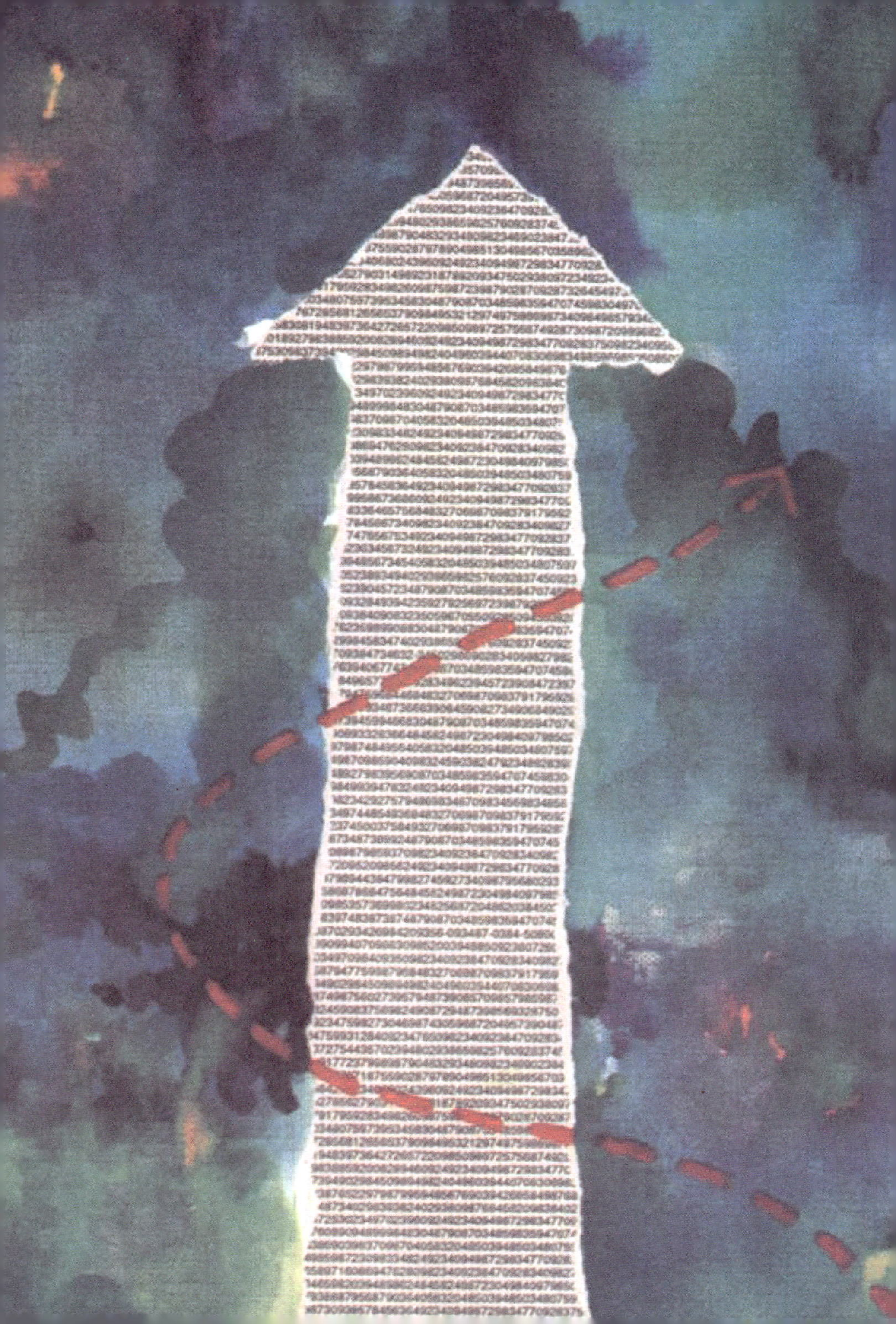

如果我们拿滑水来比喻领导者和跟随者的关系，那么，坐在前面汽艇驾驶座上、全身干干爽爽的人就代表着领导者；后面在水里滑得浑身湿透的运动员，则是跟随者。

领导者去哪儿，跟随者就去哪儿。

如果，出于跟随者不清楚的原因，领导者决定驾着船穿过一片芦苇丛生、茎秆高出水面足有 1 米的水域，跟随者的反应或许会是：

"为什么我们要到那儿去？"

"那会很痛的。"

"而且，痛的是我，不是你！"

倘若你身为滑水运动员，碰到这种情况，要想不被芦苇鞭打得浑身疼痛，你至少有两种做法：

第一种做法：

你可以松开拖链，做个独立行事的创业家，你要全靠你自己，在湖水正中央。

第二种做法：

做一个技术更精湛的滑水运动员。不再只晓得紧紧跟在汽艇破开的水路后面，而是绕到右边去，避开迎面而来的芦苇。这样，你就在水面划出了一个宽广的大弧线，之后又回到汽艇后面，再绕到左边去，避开更多的芦苇。

弧上的每个点，都是合情合理的跟随点。

我在贺曼贺卡职业生涯的后半段，因为貌似没有太多的事情要做，人们都觉得不妨偶尔来拜访一下我。大多数时候，他们只是想卸下心理负担罢了。我们当前的企业文化不断把"东西"倾倒给人们，事实就是这样，日复一日，年复一年。为了缓解日益增长的负担带给我们的苦闷，时不时地找人卸卸担子挺有好处。其实，并不是真正地卸下来。更准确地说，是找个人当见证。找个愿意的人，见证企业里无形的痛苦。许多贺曼贺卡人都觉得我是个合适的见证人。

刚开始时，我其实没有为这种拜访做好准备。我有着强烈的控制癖。每当有人打算向我敞开心扉，我就下意识地想要去解决他们所描述的困境。

再不然，我会试着想去修补说话的人。不管我想修补什么，我从来都没做到过。会面的结果总是很糟糕。人们带着一种没被倾听的感觉悻悻离去，我则留下了一种无助的感觉。这对控制狂来说可不是什么愉快的感觉。

接着，在我努力培养灵性的过程中，碰巧读到了一篇谈内观禅修的文章。作者说，所谓"内观禅修"，就要实现"体恤的空灵"状态。

体恤的空灵。这五个字紧紧地抓住了我，怎么也不松手。体恤的空灵，对我来说，这就意味着一种不妄做判断的接收状态。我想：

"人们带着心理负担来找我的时候，我该试着进入这种状态。"

从那天起，每当有人来找我，倾吐他们在公司里的苦闷时，我就听着，一言不发地听着。

我会想象自己是一个空荡荡的容器，我的存在只是为了"接纳"。尽量满地接纳，不做判断。

有趣的是，我不再干涉他们之后，许多访客居然开始自己拿出解决办法来了。而且，谈话结束以后，我们双方对这次经历都觉得更愉快。

虽说在这些谈话过程中，我大多数时候都是沉默地坐着，可有时插点话也会很恰当。比如，每当有人说：

"我希望咱们这儿能有更活跃的领导力。"

我会回答说：

"我倒希望我们这儿能有更活跃的跟随力。这是组织
真正能量的来源。"

我在贺曼贺卡公司的最后一任上司，鲍勃·基普，坐在一艘企业快艇的方向盘后面。我则握着拖链的尾端滑水。我们一起花时间横渡贺曼贺卡大湖。基普对自己是谁、他为什么能坐到现在的位置上、自己的力量来自哪儿都非常肯定，所以当我划出巨大的弧线滑着水，偶尔跟汽艇齐头并进，甚至超过了汽艇时，他从来不觉得受到了什么威胁。他知道我不是要跟他抢汽艇。那样根本行不通，力量仍然在船上。但让我超到汽艇的前头去，从某种意义而言，也就是我成了带头的，他能让我释放出一种对企业的激情，为我们共同的目标服务。

如果你处在掌权或掌握动力的位置，你希望做个好的领头人，请记住：

要允许那些你领导的人……

在感觉有必要的时候，冲到前面去带头。

所有人都将因此受益。

第 23 章 桌球狗

到威斯康星州大学斯蒂文斯波因特分校开会的途中，我觉得有点饿，因为当时快到中午了。我发现了一家外观有趣的挺吸引人的路边餐馆，就停下车走了进去。点了汉堡和健怡可乐后，我无聊地扫视着墙上挂着的本地名人照，从地板到天花板，所有的墙面都挂满了。最后，我的目光停在了房间对面饮食区之外的两张台球桌上。一张桌子有人在用，另一张没有。在闲置的那张台球桌下，我看见了一只狗的腿，站着的，静止不动的狗的腿。我继续扫视房间，但兴趣比刚才小了。我的眼睛再次回到狗腿上，它还是一动不动。

我的汉堡来了。我食不知味地吃着，被那条一动不动的狗腿弄得有点分心，老实说，还很惊恐。我开始感觉有点不安。那显然不是一只狗腿的标本……不是咖啡馆墙上爱挂的那种可怜的麋鹿脑袋。那可就太过分了。"太怪了，"我会想，"麋鹿标本也就算了，把狗做成标本太可怕了！"但狗腿还是一动不动。太叫人烦心了！一只标本狗！让我欣慰的是，狗尾巴非常轻微地动了一下，我有点后悔刚才的怪念头了。

"哎呀，好了，我想错了。那不是一只做成标本的狗。我的想象力也太出格了些。"

尾巴又轻轻地摇了摇。吃完了饭，不弄明白那只若隐若现的狗到底为什么能一动不动地站那么久，我是没法上路的。我付好账单，走到了台球桌那边。

你知道有些台球桌的侧边或四角有条狭窄的槽子，当桌面上的球滚进洞口之后，就落到槽里去吧？而这只狗把嘴巴伸进了球桌下的一条窄槽，含住了一颗球，结果嘴巴就卡在那儿了。它一

点儿也不想放弃自己的奖品，如此一来也就不可能把嘴巴抽出来。它的嘴巴，为了含住球而张开得太宽，没办法脱离狭窄的球槽。所以，它站在那儿，一动不动，除了时不时地、绝望地摇摇尾巴。

我转身对在另一张桌子上打台球的人们说：

"瞧瞧那只狗吧！"

"咳，它老是这样。"一个玩球的人回答说。

"有一回，我看到它站了一个多小时呢。"

另一个人补充说："它想要有人跟它一起玩呢。"

可怜的小狗。离开餐厅的时候，我既为小狗感到伤心，也着迷于它所提供的教训：

> 如果我们不放手，就会成为自己的囚徒。

为了完全自由地去创造，我们必须首先找到放手的勇气和意愿：

放开那些过去曾为我们立下过赫赫功勋的策略……

放下我们的偏见，我们的幻想基础……

放开我们的不满，我们受害者情结的根源……

放下我们对不受爱戴的恐惧感，哪怕我们经常否认自己有这种心理……

你会发现放手这档子事，不是一锤子买卖。你必须做了一遍又一遍，就像呼吸。你不能只呼吸一次。试试看，只呼吸一次，你肯定会憋晕的。

如果你不再放手，你的创新精神就会被憋晕。

我这里所说的放手，并不是说摒弃。你放开的东西，在你需要的时候，还会在那儿等你。可因为你不再执着，你能够自由自在地去探索其他的可能性，帮助你应对这一加速变化的世界。

第 24 章 请为我绘出一幅杰作

在脑海里设想一幅蒙娜丽莎的画像。尽量清晰地想象这幅杰作在色彩和色调上的丰富与微妙。

接下来，再想象一幅数字彩绘形式的蒙娜丽莎像。想象它颜色的扁平和生硬，边缘交接的粗糙。

现在，让我用一个幻想故事把杰作、填色图和你联系起来。它是这样的：

在你出生之前，上帝找到你，说：

"嗨，你好哇！我是顺道来祝你好运的。我向你保证，你我很快就会再见的。很快，快得你都意识不到。"

你马上就要出发去冒险了，这趟冒险里充满了各种迷人有趣的经历。最开始的时候，你是一个微小的黑点点，漂浮在黑暗的汪洋大海里。海里充满了营养成分。所以你不用去找食物、找工作，或者做诸如此类的事情。你只需在黑暗里漂浮就行了。

你飞快成长。

你奇迹般地变化。

你冒出了胳膊和腿。

冒出了手和脚。

又冒出了手指和脚趾。

你的脑袋从一无所有到长出了形状。你的鼻子、嘴巴、眼睛和耳朵，也会逐一出现。

随着你越长越大，你会意识到这黑暗的海洋环境……在你小时候显得广大无边，现在却越来越拥挤，你得出了一个必然的结论：你必须转移到更大的地方去。

经过多次在黑暗里的摸索，你会找到一个出口，一个隧道口。

"太小了，"你这么判断，"从那儿挤出去根本不可能啊。"

但再也没有其他明显的出口了。所以，你会凭着一股初生的胆色，向你人生的第一次"不可能"发起挑战，进入隧道。

一旦你这么做了，你就踏上了一条残酷的不归路，这条让人身体精疲力尽的幽闭通道，会让你感受到痛苦、害怕，品尝到体力劳动的艰辛。它似乎永远也没个尽头。但隧道本身的神秘蠕动，会帮你挤出去。最后，经过一场看似永不终止的奋斗，你破茧而出，来到耀眼的光芒下。

一双巨大的手会轻柔而坚定地把你拉出来，拉到一个巨大的房间里。房间里会有几个巨大的人，他们叫"成年人"，围过来抱着你，就好像是来向你道喜一样。如果那是个老式地方，大人中会有一个握着你的腿，把你倒过来猛拍你的背，让你发出声音。

对房间里的那些大人来说，这就是诞生。而对你来说，它只是你新生活里诸多探索的第一次。

上帝继续说：

"等你到了那边之后，能帮我一个忙吗？"

"没问题！"你叫道。

"你愿意带着这张画布，为我绘出一幅杰作来吗？我会很感激的。

"接着它。"

上帝高高兴兴地拿出了一幅纯白的画布。你把它卷起来，夹在胳膊底下，埋头上了路。

你的出生就和上帝预言的一样，等你钻出隧道，进入明亮的房间，几个医生或护士惊讶地看着你，倒抽了一口凉气：

"瞧啊！这个小孩子居然夹着一幅画布！"

因为知道你还没有能力对这张画布做出任何有意义的事情，大人们把它从你那里拿走了，让社会替你保管，等你掌握了所需技能之后再还给你。社会拿着你的这笔财产，克制不住诱惑把它打开了，在纯白无瑕的画布上画了淡淡的蓝色线条，写了些蓝色的数字。最终，画布被还给了合法拥有者，也就是你。然而，画布上面现在有了一些隐含的信息，它暗示说，只要你按照淡蓝色的线条和数字的指示去画画，你的人生就能绘出一幅杰作。

可这是谎言。

50多年来，我一直按照填色游戏来创作我的人生。我不懈地努力，拿着一根标了"1号颜色"的小笔刷，把画布上所有标有"1

号颜色"的线框都填好了。接着我开始填 2 号颜色、3 号颜色、4
号颜色……有时候，在我人生的动荡时期，我会在还没填完 10 号
颜色之前，就填好了 12 号颜色，这是对循规蹈矩的象征性反叛。
有好几次，我在上色时超出了线框，顿时觉得很尴尬，我会想要把
越界的颜色擦掉，或是赶紧把它覆盖掉，以免有人注意到我的不
小心。偶尔会有人跑来恭维我，不情不愿地表扬我的"杰作"有
些进展。当然，次数不怎么多。我会凝视着别人画布上丰富多彩
的颜色，怀疑自己在画画上根本没有天赋。尽管如此，我仍然继
续填着那些标着数字的小空间，从不曾想到，或是从来不敢去想，
还有别的什么可能。

又过了一段时间，在线框内涂涂抹抹了半个多世纪之后，我
的人生里出现了一些痛苦的事情。填画线框的有毒经历让我自食
其果，我的人生神话，以惊人的速度走向破灭。我远离了自己的"杰
作"，却对它看得更加清楚。

它太难看了。

那些僵硬的线条跟我毫无关系。它们不能说明我是什么样的
人，或者我能变成什么样的人。我感到上了当，受了骗，我感到
羞愧，我居然在这样的东西上浪费了这么多的画布和颜料！我很
痛苦。我也很生气，我竟然一直被蒙在鼓里做这件蠢事！

但是，这些都是从前的事情了，已经过去了。

如今，我挥舞着粗大的纯牛毛画笔。我拿它使劲地蘸着镉黄、
暗红或群青，而不是 4 号、13 号或者 8 号颜色，尽我所能地创造

4

12

最大、最鲜艳、最有趣和最凶猛的龙。因为跟照着别人的想法亦步亦趋比较起来，这才是我内心更想干的。

你内心里也藏着自己的杰作，你知道的。一幅与众不同的杰作，除了你，没人能创作它。

请记住：

如果等你走进坟墓，

却不曾画出

你的杰作，

那你就

再也没有机会画它了……

没有人能把它画出来，

只有你。

■ **精读指导**

创新与打破常规

拉卡拉集团创始人、董事长兼总裁　孙陶然

打破常规才能成功，不论是对外还是对内。

对外而言，所谓的规矩就是先行者的做法，他们做成功了，他们的做法就成为了有形和无形的规矩，后来者如果按照这些规矩去做，永远也不可能超越他们。要超越就必须用和他们不同的做法，打破常规。

对内而言，一个员工如果只知道按照公司的规章制度来工作，就会陷入平庸，成为一颗螺丝钉而丧失发展空间。一个员工在公司的价值与其可替代性成反比，你的岗位可替代性越高，你的价值就越低，例如前台接待员，公司随时可以招聘到，所以这个岗位的价值最低，薪酬也最低。一般而言，按部就班的工作岗位或者按部就班工作的人，可替代性都比较高，所以价值也就比较低。

因此，不论我们是位居高位经营一个公司，还是只是一名员工，我们在工作时都应该把着眼点放到创新上，只有创新才能够解决问题，而工作的唯一目的就是解决问题，只有解决了问题，我们的工作付出才有价值。

但是不是为了创新就应该信马由缰没有约束呢？当然不是，存在即合理，不论是先行者的做法，还是公司内部的规则，都是历经无数的成功和失败锤炼出来的，是过去我们成功的源泉，是合理的，首先我们必须遵循之。只是情况随时在变化，过去的规则不可能考虑到现在的新情况，所以总会有不适合的地方，我们的创新只是突破了这些不适合的地方而已，绝非全盘推倒重来。

尤其是对于员工而言，创新不是要小聪明。经验证明，团队里的危险多来自"聪明人"，登山时他们总想抄近路，游戏时他们总想去守株待兔，工作时他们会"按照自己的理解"修订上级意图，时不时就脱离预定位置让同事踏空。聪明人总认为自己聪明，所以贯彻领导指示之前总要评估一下领导对不对，往往不会去理解领导的意图，而是沉湎于自己的意图，所以最常见的情况是聪明人是团队中最大的反作用力。一个团队的战斗力不是由队伍之中最聪明的那个人决定的，而是由战略的正确性和团队的齐心协力决定的。作为员工我们应该清楚我们首先是团队中的一员，我们要创新，但是不能脱离了团队的目标和核心规则来创新，我们的目的是建设不是破坏，是解决问题不是搞得天下大乱。

创新是有方法的，我认为最有效的方法是按照"先问目的、再做推演、亲手打样、及时复盘"的方法论来进行创新，既保证我们创新的目的是符合总体方向的，也保证创新是可行的，是循序渐进能够执行的。

任何一个行业、一个企业其实都需要创新，但是往往当你踏进去的时候，为了企业的盈利和个人的升值会让你失去了创新的能力和愿望，于是只能碌碌无为地从事单调的工作，没有激情，也没有错误。在你打破常规的时候，先行者作为既得利益者一定会拼命阻止你的，是继续还是停下来？你必须知道，所有的创新最开始都是不被看好的。这是对创新者的第一个考验。

带头搞破坏

天下酒仓公司董事长 杜子建

你知道这个世界上谁最有创意吗？是小朋友，越小越没有受过教育的小朋友越有创意。我家的小朋友就敢说"月亮是方的"，你敢吗？

你不敢，因为你说"正常"的人都不会说"月亮是方的"。但是墨守成规就意味着被淘汰，而这时代最大的无情就是"车轮滚滚浩浩荡荡"。而创意，要的就是反常。思想的造反，向自己造反，向常识造反。思想上缺乏反动的人，如何能做好创意呢？

《绕着大毛球飞行》的开头就是这样的：

> 作者每次去学校演讲，总是先介绍说自己是个艺术家，然后环顾四周，问小朋友们"这间屋子里有多少个艺术家？"
>
> 每回的情形都是一样的。一年级的小朋友都举起了手，而且恨不得蹦起来够到天花板；二年级的小朋友一半举起手，但都老老实实；三年级的小朋友三分之一举手，而且扭扭捏捏；到了六年级，没有人举手了，小朋友们左顾右盼看哪个不正常的会举手。

同样的情景要是发生在中国，恐怕举手的人会更少吧。怕是连一年级的小朋友都不会举手了。前一阵微博上流行一个帖子："中国父母伤害孩子的'七种武器':'要听话'用来杀自由,'要孝顺'用来杀独立,'就你跟大家不一样'用来杀个性,'别整天琢磨那没用的'用来杀想象力……"其实也不只是父母会这样伤害你。想想看,你参加工作到了一个新单位,头头脑脑们有没有对你说:"这些是我们的规定,那些是我们的惯例。"没几天你的创意就被杀光了,你就变成"正常"的傻瓜了。

所以,要有创意就要搞破坏。《绕着大毛球飞行》的作者就是带头搞破坏的。戈登·麦肯齐,这个老头子为自己自创的职位叫作创新悖论长,把办公室布置得像萨满的法室,等着公司里有创意却不得实施的年轻人去找他。

从马斯洛的理论说,人都有安全的需要、被人认可的需要,而搞破坏就意味着脱离安全地带和冒着被人排斥的风险。所以,要搞破坏,第一要破坏的就是自己。

你敢不敢破坏自己啊?

你敢不敢大逆不道啊?

敢不敢颠倒是非啊?

敢不敢胡作非为啊?

敢不敢违背常识啊?

敢不敢跟小朋友一样说"月亮就是方的"啊?

当你敢做动作时,你的创意就诞生了!!

未来，属于终身学习者

我这辈子遇到的聪明人（来自各行各业的聪明人）没有不每天阅读的——没有，一个都没有。巴菲特读书之多，我读书之多，可能会让你感到吃惊。孩子们都笑话我。他们觉得我是一本长了两条腿的书。

——查理·芒格

互联网改变了信息连接的方式；指数型技术在迅速颠覆着现有的商业世界；人工智能已经开始抢占人类的工作岗位……

未来，到底需要什么样的人才？

改变命运唯一的策略是你要变成终身学习者。未来世界将不再需要单一的技能型人才，而是需要具备完善的知识结构、极强逻辑思考力和高感知力的复合型人才。优秀的人往往通过阅读建立足够强大的抽象思维能力，获得异于众人的思考和整合能力。未来，将属于终身学习者！而阅读必定和终身学习形影不离。

很多人读书，追求的是干货，寻求的是立刻行之有效的解决方案。其实这是一种留在舒适区的阅读方法。在这个充满不确定性的年代，答案不会简单地出现在书里，因为生活根本就没有标准确切的答案，你也不能期望过去的经验能解决未来的问题。

湛庐阅读APP：与最聪明的人共同进化

有人常常把成本支出的焦点放在书价上，把读完一本书当做阅读的终结。其实不然。

> 时间是读者付出的最大阅读成本
> 怎么读是读者面临的最大阅读障碍
> "读书破万卷"不仅仅在"万"，更重要的是在"破"！

现在，我们构建了全新的"湛庐阅读"APP。它将成为你"破万卷"的新居所。在这里：

- 不用考虑读什么，你可以便捷找到纸书、有声书和各种声音产品；
- 你可以学会怎么读，你将发现集泛读、通读、精读于一体的阅读解决方案；
- 你会与作者、译者、专家、推荐人和阅读教练相遇，他们是优质思想的发源地；
- 你会与优秀的读者和终身学习者为伍，他们对阅读和学习有着持久的热情和源源不绝的内驱力。

从单一到复合，从知道到精通，从理解到创造，湛庐希望建立一个"与最聪明的人共同进化"的社区，成为人类先进思想交汇的聚集地，共同迎接未来。

与此同时，我们希望能够重新定义你的学习场景，让你随时随地收获有内容、有价值的思想，通过阅读实现终身学习。这是我们的使命和价值。

湛庐阅读APP玩转指南

湛庐阅读APP结构图:

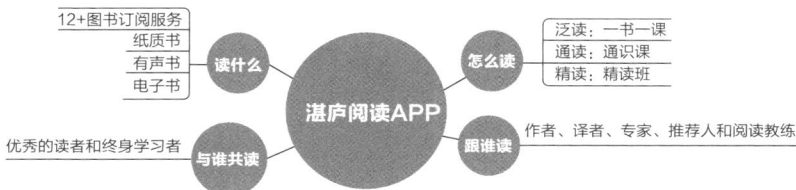

12+图书订阅服务
纸质书
有声书
电子书
读什么

怎么读
泛读:一书一课
通读:通识课
精读:精读班

湛庐阅读APP

跟谁读
作者、译者、专家、推荐人和阅读教练

优秀的读者和终身学习者
与谁共读

三步玩转湛庐阅读APP:

读一读 ▾
湛庐纸书一站买,
全年好书打包订
书城

听一听 ▾
泛读、通读、精读,
选取适合你的阅读方式

扫一扫 ▾
买书、听书、讲书、
拆书服务,一键获取
扫一扫

APP获取方式:
安卓用户前往各大应用市场、苹果用户前往APP Store
直接下载"湛庐阅读"APP,与最聪明的人共同进化!

湛庐文化
Cheers Publishing
a mindstyle business 与思想有关

使用APP扫一扫功能，
遇见书里书外更大的世界！

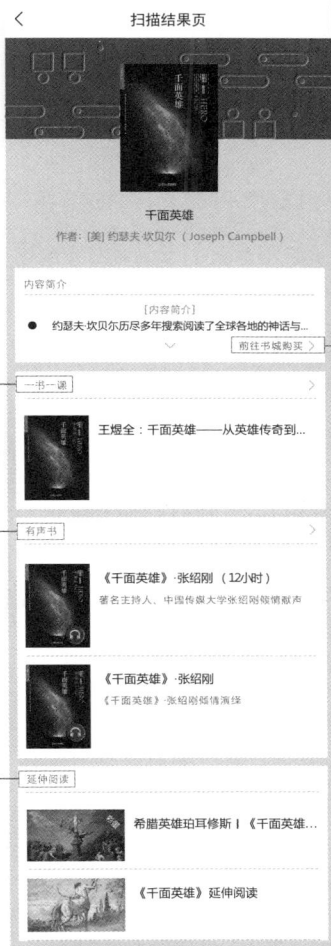

扫描结果页

千面英雄

作者：[美] 约瑟夫·坎贝尔（Joseph Campbell）

内容简介

[内容简介]
● 约瑟夫·坎贝尔历尽多年搜索阅读了全球各地的神话与...

前往书城购买 >

快速了解本书内容，
湛庐千册图书一键购买！

一书一课 >

王煜全：千面英雄——从英雄传奇到...

大咖优质课、
献声朗读全本一键了解，
为你读书、讲书、拆书！

有声书 >

《千面英雄》·张绍刚（12小时）
著名主持人，中国传媒大学张绍刚倾情献声

《千面英雄》·张绍刚
《千面英雄》·张绍刚倾情演绎

延伸阅读

希腊英雄珀耳修斯 I《千面英雄...

你想知道的彩蛋
和本书更多知识、资讯，
尽在延伸阅读！

《千面英雄》延伸阅读

湛庐文化
Cheers Publishing
a mindstyle business 与思想有关

延伸阅读

《伟大创意的诞生》

◎《经济学人》年度图书，"数字化未来十大科技思想家"、TED 演讲人史蒂文·约翰逊经典力作。

◎深入人类 600 年重要发明的创新自然史，首度揭开创新源起的 7 大关键模式。

《优秀到不能被忽视》

◎在这个浮躁的世界上，没有人欠你一份好工作，正确地工作胜过找到正确的工作。畅销书作家卡尔·纽波特写给每一个职场人的工作真谛，也是继《干法》之后，又一本让我们重定义和打开正确工作方式的好书。

◎曾荣获 800-CEO-READ 商业图书大奖，被《公司》杂志（Inc.）评选为年度企业家推荐读物之一，荣登《环球邮报》（The Globe and Mail）年度 10 大商业图书榜单。

《精要主义》

◎"新时代柯维"格雷格·麦基翁变革之作。在这个过度互联、选择指数级增长的时代，高效能人士已难以应对，当下最重要的，是成为一个精要主义者。

◎长期占据美国亚马逊时间管理类图书第一名，入选荣获 800-CEO-READ 商业书籍大奖，《华尔街日报》畅销书，《纽约时报》畅销书。

《塞氏企业：设计未来组织新模式》

◎自主薪酬、弹性工作制、轮值 CEO、平台企业、合弄制、利润共享、参与式管理……所谓的新兴管理方式都弱爆了！巴西塞氏企业在 30 年前就颠覆了你对企业时髦概念的想象。全球未来领袖带你重新定义公司。

◎海尔集团董事局主席、首席执行官张瑞敏，360 公司董事长兼 CEO 周鸿祎，管理学教授、领教工坊创始人、北大汇丰创新领导力中心主任肖知兴，北京大学新闻与传播学院教授胡泳，管理大师查尔斯·汉迪，领导力大师沃伦·本尼斯联袂推荐！

Orbiting the giant hairball: a corporate fool's guide to surviving with grace by Gordon MacKenzie

Copyright © Gordon MacKenzie, 1996

All rights reserved including the right of reproduction in whole or in part in any form.

The edition published by arrangement with Viking, an imprint of Penguin Publishing Group, a division of Penguin Random House LLC.

本书中文简体字版由Viking授权在中华人民共和国境内独家出版发行。未经出版者书面许可，不得以任何方式抄袭、复制或节录本书中的任何部分。

版权所有，侵权必究。

图书在版编目（CIP）数据

绕着大毛球飞行：寻找工作的从容轨道 /（美）戈登·麦肯齐著；闫佳译 . —北京：北京联合出版公司，2017.10

ISBN 978-7-5596-0997-7

Ⅰ . ①绕… Ⅱ . ①戈… ②闫… Ⅲ . ①创新管理—通俗读物 Ⅳ . ①F270-49

中国版本图书馆 CIP 数据核字（2017）第237558号

著作权合同登记号
图字：01-2016-5969

上架指导：创新 / 管理

版权所有，侵权必究

本书法律顾问　北京市盈科律师事务所　崔爽律师
　　　　　　　　　　　　　　　　　　张雅琴律师

绕着大毛球飞行：寻找工作的从容轨道

作　　者：[美] 戈登·麦肯齐
译　　者：闫　佳
选题策划：CHeers Publishing 湛庐文化
责任编辑：管　文
封面设计：水玉银文化
版式设计：CHeers Publishing 湛庐文化　沈丽君

北京联合出版公司出版
（北京市西城区德外大街83号楼9层　100088）
河北鹏润印刷有限公司印刷　新华书店经销
字数140千字　880毫米×1230毫米　1/32　7.125印张
2017年10月第1版　2017年10月第1次印刷
ISBN 978-7-5596-0997-7
定价：59.90元

未经许可，不得以任何方式复制或抄袭本书部分或全部内容
版权所有，侵权必究
本书若有质量问题，请与本公司图书销售中心联系调换。电话：010-56676356